A 50ª
~Lei~

Robert Greene
e 50 Cent

A 50ª Lei

Traduzido por Ana Beatriz Rodrigues

SEXTANTE

Título original: *The 50th Law*

Copyright © 2009 por G-Unit Books, Inc. e Robert Greene, Inc.
Copyright da tradução © 2025 por GMT Editores Ltda.

Todos os direitos reservados. Nenhuma parte deste livro pode ser utilizada ou reproduzida sob quaisquer meios existentes sem autorização por escrito dos editores.

coordenação editorial: Juliana Souza
produção editorial: Carolina Vaz
preparo de originais: Raquel Zampil
revisão: Milena Vargas e Rachel Rimas
diagramação: Guilherme Lima e Natali Nabekura
capa: Duat Design (Rodrigo Rodrigues)
impressão e acabamento: Ipsis Gráfica e Editora

CIP-BRASIL. CATALOGAÇÃO NA PUBLICAÇÃO
SINDICATO NACIONAL DOS EDITORES DE LIVROS, RJ

G88q

Greene, Robert, 1959-
  A 50ª Lei / Robert Greene, 50 Cent ; tradução Ana Beatriz Rodrigues. - 1. ed. - Rio de Janeiro : Sextante, 2025.
  224 p. ; 23 cm.

  Tradução de: The 50th law
  ISBN 978-85-431-1070-7

  1. Sucesso na cultura popular. 2. Músicos de rap - Estados Unidos. 3. Negros - Atitudes. I. 50 Cent. II. Rodrigues, Ana Beatriz. III. Título.

25-98101.0

CDD: 158.1
CDU: 159.947

Carla Rosa Martins Gonçalves - Bibliotecária - CRB-7/4782

Todos os direitos reservados, no Brasil, por
GMT Editores Ltda.
Rua Voluntários da Pátria, 45 – 14º andar – Botafogo
22270-000 – Rio de Janeiro – RJ
Tel.: (21) 2538-4100
E-mail: atendimento@sextante.com.br
www.sextante.com.br

Sumário

Prefácio — 7

Introdução — 11

1. Veja as coisas como elas são – Realismo intenso — 27
2. Aproprie-se de tudo – Autossuficiência — 43
3. Faça do limão uma limonada – Oportunismo — 59
4. Siga em frente – *Momentum* calculado — 75
5. Saiba quando ser impiedoso – Agressividade — 95
6. Seja um líder – Autoridade — 117
7. Conheça seu ambiente de dentro para fora – Conexão — 137
8. Respeite o processo – Domínio — 157
9. Supere seus limites – Autoconfiança — 179
10. Enfrente sua mortalidade – o Sublime — 201

Agradecimentos — 219

Prefácio

Conheci 50 Cent no inverno de 2006. Ele era fã do meu livro *As 48 leis do poder* e estava interessado em colaborar no projeto de outro livro meu. No encontro, a conversa girou em torno de guerra, terrorismo e indústria fonográfica. Fiquei impressionado com as semelhanças entre nossas visões de mundo, que transcendiam as enormes diferenças entre minhas origens e as dele. Por exemplo, quando conversamos sobre os jogos de poder que ele vinha enfrentando na indústria fonográfica, fomos além das justificativas afáveis que as pessoas apresentam para o próprio comportamento e tentamos entender o que elas estavam realmente tramando. 50 Cent desenvolveu seu poder de análise nas perigosas ruas do Southside Queens, onde essa sagacidade era essencial para a sobrevivência; eu cheguei à mesma visão lendo muito sobre história e observando as manobras engenhosas de várias pessoas em Hollywood, onde trabalhei por muitos anos. Nossa perspectiva, porém, era a mesma.

Naquele dia, chegamos a uma ideia incipiente para um futuro projeto. Nos meses que se seguiram, refletindo sobre o possível tema deste livro, a ideia de aproximar nossos mundos ficou martelando na minha cabeça. Se existe uma coisa que me fascina nos Estados Unidos é a mobilidade social, que permite que pessoas de todas as origens subam na vida e, ao longo desse processo, modifiquem a cultura. Mas, por outro lado, o país continua sendo uma nação de guetos sociais. Celebridades tendem a se reunir em torno de outras celebridades; acadêmicos e intelectuais vivem isolados no próprio mundo; as pessoas gostam mais de conviver com outras da mesma tribo. Quem sai do próprio mundinho o faz como mero observador ou visitante de outros estilos de vida. Uma possibilidade interessante em nosso caso foi, na medida do possível, ignorar nossas diferenças superficiais e colaborar no campo das ideias, trazendo à tona algumas verdades sobre a natureza humana que transcendem classe social e etnia.

Com a mente aberta e a intenção de descobrir qual seria o enfoque deste livro, no decorrer de 2007 tive vários encontros com 50 Cent. Recebi sinal verde para mergulhar em seu mundo. Acompanhei-o em várias reuniões de negócios sem dar uma palavra, sentado num canto e vendo-o em ação. Um dia, no escritório dele, presenciei uma briga entre dois funcionários que ele precisou apartar. Testemunhei uma crise que ele próprio inventara só para gerar publicidade. Acompanhei-o em encontros com outros astros, amigos, membros da realeza europeia e políticos. Visitei a casa em que ele passara a infância no Southside Queens, conheci seus amigos da época em que vivera nas ruas e tive uma boa noção de como devia ter sido crescer naquele mundo. E, quanto mais eu o observava em todas essas frentes, mais tinha certeza de que ele poderia ser qualquer uma das figuras históricas sobre as quais eu havia escrito em meus três livros. 50 Cent é um mestre do poder, uma espécie de Napoleão Bonaparte do hip-hop.

Ao escrever sobre personagens históricos importantes, desenvolvi a teoria de que seu sucesso quase sempre pode ser atribuído a uma habilidade ou qualidade específica que os destaca dos demais. No caso de Napoleão, foi sua extraordinária habilidade de absorver uma quantidade enorme de detalhes e organizá-los mentalmente. Isso possibilitou que ele estivesse quase sempre mais bem informado sobre os acontecimentos do que os outros generais, seus rivais. Depois de observar 50 Cent e conversar com ele sobre seu passado, concluí que seu poder vinha de seu total e absoluto destemor.

Essa qualidade não se manifesta em gritos nem em táticas óbvias de intimidação. Quando Fifty age assim em público, é puro teatro. Nos bastidores, ele é frio e calculista. Sua ausência de medo transparece nas atitudes. Nas ruas, ele já testemunhou e vivenciou tantas situações perigosas que nada no mundo corporativo é capaz de abalá-lo. Quando uma negociação não lhe agrada, ele dá as costas e vai embora. Quando precisa ser um pouco mais duro e jogar sujo com um adversário, não pensa duas vezes. Tem total autoconfiança. Em um ambiente em que as pessoas tendem a ser tímidas e conservadoras, ele tem sempre a vantagem de querer fazer mais, correr riscos e deixar de lado as normas e convenções. Por ter crescido em um ambiente onde não esperava viver além dos 25 anos, ele acredita que não tem nada a perder, e isso lhe confere muito poder.

Quanto mais eu refletia sobre essa sua força única, mais inspiradora e instrutiva ela me parecia. Eu conseguia me visualizar me beneficiando do seu exemplo e superando meus próprios medos. Decidi então que este livro seria sobre ser destemido, em todas as suas formas.

Escrever *A 50ª Lei* foi simples. Ao observar 50 Cent e conversar com ele, deduzi certos temas e padrões de comportamento que no futuro dariam origem aos dez capítulos deste livro. Definidos esses temas, apresentei-os a ele, e, juntos, nós os aperfeiçoamos. Conversamos sobre superar o medo da morte, a capacidade de abraçar o caos e a mudança, a alquimia mental que podemos desenvolver ao encarar as adversidades como uma oportunidade para conquistar o poder. Relacionamos essas ideias às nossas experiências e ao mundo em geral. Em seguida, expandi nossas conversas com pesquisas, associando o exemplo de 50 Cent aos casos de outros indivíduos que, ao longo da história, demonstraram a mesma falta de medo.

Em suma, este livro é sobre uma filosofia de vida singular: nossos medos são uma espécie de prisão que nos confina a um raio de ação limitado. Quanto menos temermos, mais poder teremos e mais plenamente viveremos. Esperamos que *A 50ª Lei* inspire você a descobrir esse poder por si mesmo.

Introdução

Sobre vocês está o maior inimigo que alguém pode ter: o medo. Eu sei que alguns temem ouvir a verdade – todos foram criados com medo e mentiras. Mas eu vou pregar a verdade até que fiquem livres desse medo...

— MALCOLM X

A ATITUDE RECEOSA

No início de tudo, o medo era uma emoção simples e básica para o ser humano. Confrontávamos algo avassalador – como a ameaça iminente da morte na forma de guerras, doenças e desastres naturais – e sentíamos medo. Como no caso de outros animais, em nós essa emoção era uma estratégia de proteção, permitindo que detectássemos o perigo e fugíssemos a tempo. Mas, para o ser humano, também tinha outro propósito: na oportunidade seguinte, lembrarmos a origem dessa ameaça e nos protegermos melhor. A civilização dependia muito dessa capacidade de prever os perigos no ambiente. Foi em busca de conforto que criamos a religião e vários outros sistemas de crenças. O medo é a emoção mais forte e antiga que o ser humano conhece, algo profundamente arraigado em nosso sistema nervoso e em nosso subconsciente.

No entanto, com o passar do tempo, algo estranho aconteceu. A ocorrência de terrores reais começou a diminuir à medida que nosso controle sobre o meio ambiente aumentava. No entanto, em vez de diminuírem, nossos medos se multiplicaram. Passamos a nos preocupar com nosso status na sociedade – as pessoas gostam de mim? Eu me enquadro nesse grupo? Então passamos a nos preocupar com nosso sustento, com o futuro da nossa família, com nossa saúde e com o processo de envelhecimento. Deixamos de sentir um medo simples e profundo de algo considerável e real para desenvolver uma espécie de ansiedade generalizada. É como se os milhares de anos de medo que sentimos diante da natureza não tivessem desaparecido. Precisávamos de alguma coisa, mesmo que pequena ou improvável, para a qual direcionar nossa ansiedade.

Ao longo da evolução do medo, um momento decisivo ocorreu no século

XIX: anunciantes e jornalistas descobriram que conseguiriam chamar mais atenção do público se pautassem seus anúncios e matérias nesse sentimento.

O medo é uma emoção difícil de controlar e de ignorar, e, por isso, eles passaram a mudar nosso foco para novas fontes possíveis de ansiedade: a doença mais recente, uma nova onda de crimes, o risco de uma gafe social e muitos outros perigos dos quais não tínhamos conhecimento. Com a crescente sofisticação da mídia e a qualidade visceral das imagens, os veículos de comunicação conseguem nos fazer sentir como criaturas frágeis em um ambiente hostil, embora o mundo de hoje seja muito mais seguro e previsível do que qualquer coisa que nossos ancestrais conheceram. Também por causa desses profissionais de mídia, nossa ansiedade só vem aumentando.

Não é esse o propósito do medo. Sua função é estimular respostas físicas poderosas, permitindo que um animal recue a tempo. Após o evento, o medo deveria ir embora. Um animal que não consegue se livrar de seus medos depois que a ameaça desaparece terá dificuldade para comer e dormir. Nós somos o animal que não consegue se livrar dos temores, e, conforme se acumulam dentro de nós, esses temores tendem a influenciar nossa maneira de ver o mundo. Passamos do medo provocado por alguma ameaça para uma atitude receosa em relação à vida. Começamos a enxergar risco em quase tudo. Superestimamos os perigos e nossa vulnerabilidade. Focamos instantaneamente na adversidade. Em geral, não temos consciência desse fenômeno porque o aceitamos como algo normal. Em tempos de prosperidade, podemos nos dar ao luxo de nos preocuparmos com as coisas. Quando nos vemos em momentos difíceis, no entanto, essa atitude receosa se torna particularmente prejudicial. Nesse tipo de contexto, precisamos resolver problemas, lidar com a realidade e seguir em frente, mas o medo faz a gente recuar e se retrair.

Foi exatamente isso que Franklin Delano Roosevelt descobriu quando assumiu a presidência dos Estados Unidos em 1933. A Grande Depressão, que começou com a quebra do mercado de ações em 1929, estava no ápice. No entanto, o que preocupava Roosevelt não eram os fatores econômicos, mas sim o estado de espírito da nação. Roosevelt acreditava não apenas que as pessoas estavam com mais medo do que deveriam, mas que seus medos tornavam ainda mais difícil superar as adversidades. Em seu discurso de posse, ele disse que não ignoraria realidades óbvias, como a crise econômica, e que não propagaria um otimismo ingênuo. Mas pediu à população que lembrasse que o país já havia enfrentado tragédias piores, como a Guerra Civil, e que as havia superado graças ao seu espírito empreendedor, à sua determinação e à sua firmeza. Esse era o significado de ser norte-americano.

Quando temos medo de uma coisa, ela acaba acontecendo. À medida que sucumbem ao medo, as pessoas perdem energia e *momentum*. A falta de confiança se traduz em inércia, que diminui ainda mais os níveis de confiança, e assim se forma um círculo vicioso. "Por isso, antes de mais nada", disse Roosevelt, "gostaria de evidenciar a minha firme convicção de que a única coisa que temos a temer é o próprio medo. Um terror absurdo e sem fundamento, que paralisa os esforços necessários para transformar hesitação em enfrentamento."

O que o ex-presidente afirmou em seu discurso é o que separa o fracasso do sucesso. Esse divisor é a sua atitude, que tem o poder de moldar a sua realidade. Se enxergarmos tudo pela ótica do medo, a tendência é nos mantermos no modo de fuga. Mas também é possível encarar uma crise ou um problema como um desafio, uma oportunidade de provar o próprio valor, a possibilidade de se fortalecer e endurecer ou um apelo à ação coletiva. Quando encaramos a dificuldade como um desafio, transformamos o negativo em positivo por meio de um processo mental que resulta em ações igualmente positivas. E, de fato, com sua liderança inspiradora, Roosevelt conseguiu ajudar o país a mudar de mentalidade e a enfrentar a Depressão com um espírito mais empreendedor.

Atualmente, o país enfrenta novos problemas e crises que testam a coragem da população. Mas, assim como Roosevelt afirmou que os Estados Unidos já haviam enfrentado desafios piores no passado, podemos dizer que o que se enfrenta hoje não chega aos pés dos perigos da década de 1930 e dos anos de guerra que se seguiram. Na verdade, a realidade dos Estados Unidos no século XXI assemelha-se mais à seguinte situação: o ambiente físico atual é mais seguro e mais bem protegido do que em qualquer outro momento da história do país. Os Estados Unidos são um dos países mais prósperos do mundo. No passado, somente homens brancos podiam participar do jogo do poder. Os avanços na tecnologia trouxeram inúmeras novas oportunidades; os antigos modelos de negócios estão desaparecendo, deixando o campo totalmente aberto para a inovação. Os Estados Unidos, assim como grande parte do mundo, vivem uma época de grandes mudanças e revoluções.

Mas nem por isso os desafios deixam de existir. O mundo hoje é mais competitivo; a economia tem vulnerabilidades incontestáveis e precisa ser reinventada. Como em qualquer situação, o fator determinante está na atitude de cada um: como *escolhemos* encarar essa realidade. Se cedermos ao medo, daremos atenção desproporcional à negatividade e produziremos as circunstâncias adversas que tanto tememos. Se seguirmos na direção oposta, cultivando uma abordagem destemida em relação à vida, enfrentando o que der e vier com ousadia e energia, então criaremos uma dinâmica muito diferente.

Entenda: todos nós temos medo – de ofender as pessoas, de provocar conflitos, de se apresentar em público, de ousar. Durante milhares de anos, nossa relação com essa emoção evoluiu de um medo primitivo da natureza a uma ansiedade generalizada em relação ao futuro, e depois à atitude receosa que hoje nos domina. Como adultos racionais e produtivos, precisamos finalmente vencer essa tendência e evoluir para além dos nossos medos.

O tipo destemido

Minha primeira lembrança da infância é uma chama, uma chama azul saltando de um fogão que alguém acendeu. Eu tinha 3 anos e, pela primeira vez na vida, senti medo, medo de verdade. Mas também me lembro dessa cena como se fosse uma espécie de aventura, um tipo estranho de satisfação. Acho que aquela experiência me levou a uma esfera mental que eu ainda não conhecia. Uma fronteira, o limite, talvez, do que era possível. O medo que senti foi quase um convite, um desafio para ir adiante e mergulhar em um universo totalmente desconhecido. Acho que foi ali que minha filosofia de vida começou, naquele momento... A partir de então, passei a acreditar que meus movimentos deveriam ser para a frente, para longe do calor daquela chama.

— MILES DAVIS

Há duas formas de lidar com o medo: uma passiva e outra ativa. Na forma passiva, tentamos evitar a situação que nos causa ansiedade. Um exemplo seria adiar qualquer decisão que possa ferir os sentimentos de alguém. Ou optar pela segurança e pelo conforto no dia a dia, fechando as portas para todo e qualquer tipo de problema. Agimos dessa forma porque nos sentimos frágeis e nos sentiríamos mal se nos víssemos frente a frente com o que tememos.

A forma ativa é algo que a maioria de nós já vivenciou: a situação arriscada ou difícil que tememos está ali, bem à nossa frente. Pode ser um desastre natural, a morte de uma pessoa querida ou a perda de algo importante. Muitas vezes, nesses momentos, descobrimos uma força surpreendente dentro de nós. O que temíamos não parece mais tão ruim assim. E, como é impossível evitá-lo, precisamos encontrar uma maneira de superar o medo ou sofrer as consequências reais. Tais momentos são estranhamente terapêuticos porque enfim nos vemos diante de algo real – não um cenário de medo hipotético que a mídia coloca na nossa cabeça. Podemos nos libertar desse medo. O problema é que esses momentos costumam durar pouco e se repetir com pouca frequência. Assim, podem perder o valor depressa, e então voltamos ao modo passivo, evitando o que nos amedronta.

Quando vivemos em circunstâncias relativamente confortáveis, o ambiente não nos pressiona com perigos óbvios, violência ou limitações de deslocamento. Nossa principal meta, portanto, é manter as condições em que vivemos, e com isso acabamos nos tornando mais sensíveis ao menor risco ou ameaça ao *status quo*. Temos mais dificuldade de tolerar o medo porque a sensação que ele provoca é vaga e angustiante. Dessa forma, permanecemos no modo passivo.

Ao longo da história, porém, houve pessoas que viveram em circunstâncias muito mais difíceis, que precisaram lidar com o perigo diariamente. Elas tiveram que enfrentar seus medos de forma ativa repetidas vezes. Isso pode acontecer quando a pessoa cresce em condições de extrema pobreza; enfrenta a morte no campo de batalha ou lidera um exército na guerra; vive períodos conturbados e revolucionários; é um líder em tempos de crise; sofre perdas ou tragédias pessoais; ou fica entre a vida e a morte. Quando se vive sob esse tipo de circunstância, seu espírito é esmagado pela adversidade. Algumas pessoas, porém, conseguem superá-la. É a única escolha positiva com que podem contar – elas precisam enfrentar seus medos diários e superá-los, ou sucumbirão a eles. Então se tornam duras como aço.

Entenda: ninguém nasce assim. Não é natural ser resiliente. Todo esse processo requer desafios e testes. O que separa os que sucumbem daqueles que superam as adversidades são a força de vontade e a fome de poder.

Em algum momento, a posição defensiva de superar medos se transforma em uma posição ofensiva, ou uma atitude destemida. As pessoas que adotam essa atitude aprendem o valor não apenas da coragem, mas também de encarar a vida com um senso de ousadia e urgência e uma abordagem pouco convencional, criando novos modelos, em vez de simplesmente seguir os antigos. Elas percebem o grande poder que essa atitude lhes confere e fazem dela sua mentalidade dominante.

Encontramos esses tipos em todas as culturas e em todos os períodos, de Sócrates e dos estoicos a Cornelius Vanderbilt e Abraham Lincoln.

Napoleão Bonaparte representa o tipo destemido clássico. Ingressou na carreira militar um pouco antes da eclosão da Revolução Francesa. Naquele momento crítico, vivenciou um dos períodos mais caóticos e aterrorizantes da história. Enfrentou perigos intermináveis nos campos de batalha, pois um novo tipo de guerra estava surgindo, e se envolveu em inúmeras intrigas políticas, nas quais um passo em falso poderia levá-lo à guilhotina. Saiu de tudo isso com o espírito destemido, abraçando o caos vigente e as grandes mudanças que ocorriam na arte da guerra. Em uma de suas inúmeras campanhas, enunciou as palavras que poderiam servir de lema para todos aqueles que não sentem medo.

Na primavera de 1800, Napoleão estava se preparando para liderar um exército que invadiria a Itália. Seus marechais de campo o advertiram de que os Alpes ficavam intransitáveis naquela época do ano e o aconselharam a esperar, embora essa pausa fosse arruinar suas chances de sucesso. O general respondeu: "Não haverá Alpes para o exército de Napoleão." E, montado em uma mula, ele liderou pessoalmente suas tropas por um terreno traiçoeiro, enfrentando inúmeros obstáculos. Foi a força de vontade de um homem que os levou a atravessar os Alpes, pegando o inimigo de surpresa e derrotando-o. Não há Alpes nem obstáculo que possam se colocar no caminho de uma pessoa destemida.

Outro exemplo é o escritor e abolicionista Frederick Douglass, que nasceu escravizado no estado de Maryland em 1817. Como mais tarde ele escreveria, a escravização era um sistema que dependia da criação de níveis profundos de medo. Douglass se forçava continuamente na direção oposta. Apesar da ameaça de punição severa, aprendeu a ler e escrever sozinho e em segredo. Quando chicoteado por sua atitude rebelde, revidava, e notou que a frequência das surras diminuía. Sem dinheiro nem contatos, fugiu para o Norte do país aos 20 anos. Tornou-se um líder abolicionista, percorrendo o Norte e discursando sobre a perversidade da escravização. Os abolicionistas queriam que ele continuasse em seu circuito de palestras e repetisse as mesmas histórias várias vezes, mas Douglass queria fazer muito mais e voltou a se rebelar. Fundou um jornal abolicionista, algo inédito para um ex-escravizado. O jornal teve enorme sucesso.

Em cada etapa de sua vida, Douglass foi testado por grandes adversidades. Em vez de ceder ao medo – das chicotadas, da solidão nas ruas de cidades desconhecidas, da ira dos antiabolicionistas –, ele elevou sua ousadia e partiu para a ofensiva. Essa confiança lhe conferiu a capacidade de superar animosidades. Esta é a consequência física que os tipos destemidos descobrem em algum momento: um aumento apropriado de autoconfiança e de energia diante de circunstâncias negativas ou mesmo terríveis.

Mas pessoas destemidas não são fruto exclusivamente da pobreza ou de um ambiente fisicamente hostil. Franklin Delano Roosevelt veio de uma família rica e privilegiada. Aos 39 anos, contraiu poliomielite e ficou paralisado da cintura para baixo. Esse foi um momento decisivo em sua vida, pois ele se viu diante de uma grave limitação de movimentos e do possível fim de sua carreira política. No entanto, ele se recusou a ceder ao medo e ao pessimismo. Seguiu na direção oposta, esforçando-se para tirar o máximo proveito de sua condição física e desenvolvendo um espírito indomável que o transformaria no presidente mais destemido dos Estados Unidos. Para esse tipo de pessoa, qualquer encontro com a adversidade ou a limitação, em qualquer idade, pode ser o ambiente propício para o fortalecimento de uma atitude destemida.

O NOVO TIPO DE DESTEMIDO

Quem não sofre jamais cresce, nunca descobre quem é...
— JAMES BALDWIN

Durante grande parte do século XIX, os estadunidenses enfrentaram muitos perigos e adversidades: o ambiente hostil da fronteira, divisões políticas radicais, a ilegalidade e o caos decorrentes das grandes mudanças na tecnologia e na mobilidade social. Respondemos a esse contexto restritivo superando nossos medos e desenvolvendo o que veio a ser conhecido como um espírito pioneiro, com gosto pela aventura e uma célebre capacidade de resolver problemas.

Conforme o mundo se modernizava e se tornava mais próspero, isso começou a mudar. No século XX, porém, um ambiente permanecia tão áspero quanto no passado: os guetos negros urbanos. E desse ambiente surgiu um novo tipo destemido, representado por figuras como James Baldwin, Malcolm X e Muhammad Ali. No entanto, o racismo da época os impedia de expressar livremente esse espírito.

Nos últimos tempos, surgiram novos tipos nesses guetos urbanos, estes, sim, com mais liberdade para avançar e ocupar posições de poder nos Estados Unidos – no entretenimento, na política e nos negócios. Eles aprenderam a se defender sozinhos e a dar asas à ambição. Sua educação vem das ruas e de experiências duras. De certa forma, eles remetem aos tipos livres do século XIX, que tinham pouca instrução formal mas desenvolveram uma nova maneira de fazer negócios. O espírito deles se encaixa na desordem do século XXI. É fascinante observá-los, e, em diversos aspectos, temos muito a aprender com eles.

O rapper conhecido como 50 Cent, cujo nome verdadeiro é Curtis Jackson, pode ser considerado um dos exemplos contemporâneos mais significativos desse fenômeno. Ele cresceu no Southside Queens, um bairro particularmente violento, em meio à epidemia de crack da década de 1980. E, em cada fase de sua vida, precisou enfrentar uma série de perigos que o testaram e o endureceram, rituais de iniciação à atitude destemida que foi desenvolvendo aos poucos.

Um dos maiores medos de qualquer criança é ser abandonada sozinha em um mundo assustador. Essa é a fonte de nossos pesadelos mais primitivos. Essa foi a realidade de Fifty. Ele não conheceu o pai, e sua mãe foi assassinada quando ele tinha 8 anos. Fifty teve que se acostumar a não depender de ninguém para protegê-lo ou lhe oferecer abrigo. Isso significava que, em todas as situações em que sentisse medo, só poderia contar consigo mesmo. Se não quisesse ter essa sensação, teria que aprender a superá-la – sozinho.

Ele começou a trabalhar nas ruas ainda jovem, e era impossível evitar o medo. Batia de frente com a violência dia após dia, e assim conseguiu compreender como o medo pode ser destrutivo e debilitante. Nas ruas, demonstrar medo faz com que as pessoas percam o respeito por você. Quem demonstra fragilidade acaba sendo intimidado e fica mais propenso a sofrer violência justamente por querer evitá-la. Não havia escolha: se quisesse ter algum tipo de poder nas ruas, ele teria que superar essa emoção. Ainda que se colocasse repetidamente em situações tensas que alimentavam a ansiedade, era impossível identificar qualquer sinal disso em seus olhos. Na primeira vez em que enfrentou alguém armado, ficou apavorado. Na segunda, menos. Na terceira, mostrou-se a tranquilidade em pessoa.

Testar e provar sua coragem dessa forma lhe conferia uma espécie de poder absoluto. Fifty logo aprendeu a valorizar a ousadia e entendeu que sua enorme autoconfiança era útil para intimidar os outros. No entanto, por mais forte e endurecido que se torne, quem vive na rua geralmente enfrenta um obstáculo assustador: o de deixar as ruas que conhece tão bem, onde aprendeu todas as suas habilidades. Quem vive assim fica viciado nesse estilo de vida e, embora possa acabar na prisão ou morrer cedo, não consegue abandonar sua rotina.

No entanto, Fifty tinha ambições maiores do que ser um traficante bem-sucedido, então se forçou a enfrentar e superar esse medo. Aos 20 anos, no auge de seu comando nas ruas, decidiu abandonar o crime e mergulhar no mercado da música sem nenhuma indicação ou rede de segurança. Como não tinha plano B – era ter sucesso na música ou falir –, ele adotou uma atitude frenética e ousada que o levou a ser notado no mundo do rap.

A essa altura, ele já havia enfrentado alguns dos piores medos que podem se abater sobre o ser humano – abandono, violência, mudanças radicais –, mas saiu mais forte e mais resiliente dessa experiência. Aos 24 anos, porém, às vésperas do lançamento de seu primeiro álbum, encarou o que muitos de nós considerariam o medo máximo: o de morrer. Em maio de 2000, um infrator disparou nove tiros contra ele em plena luz do dia, quando Fifty estava dentro de um carro, na frente de casa. Uma das balas atravessou sua mandíbula e não o matou por questão de um milímetro.

Após o atentado, a Columbia Records o demitiu, cancelando o lançamento de seu primeiro álbum. Ele foi limado da indústria fonográfica, pois os executivos das gravadoras ficaram com medo de serem associados à figura dele e assim correrem riscos. Muitos amigos o abandonaram, talvez por o considerarem fraco. Ele ficou sem um tostão, sem poder voltar ao tráfico, pois tinha virado as costas para a ilegalidade, e sua carreira musical parecia encerrada antes mesmo de começar.

Esse foi um dos momentos decisivos que revelam o poder da atitude do indivíduo diante da adversidade. Fifty se sentia diante de montanhas intransponíveis.

Então fez como Frederick Douglass: decidiu aumentar sua fúria, sua energia e seu destemor. Tendo chegado tão perto da morte, entendeu quanto a vida pode ser curta. Assim, decidiu não desperdiçar um segundo sequer. Ignoraria o caminho usual para o sucesso, ou seja, trabalhar com a indústria fonográfica, conseguir um contrato sensacional e lançar uma música promissora. Ele seguiria o próprio caminho, lançando uma *mixtape* (gravações independentes) numa campanha em que venderia sua música ou a distribuiria gratuitamente nas ruas. Dessa forma, poderia aprimorar os sons duros e viscerais que lhe eram mais naturais. Poderia falar a linguagem das ruas sem floreios.

De uma hora para outra, uma enorme sensação de liberdade o invadiu, pois ele se deu conta de que podia criar seu modelo de negócios e se desvencilhar das convenções. Era como se ele não tivesse nada a perder, como se os últimos vestígios de medo que ainda restavam nele tivessem evaporado no carro naquele dia em 2000. A campanha da *mixtape* o tornou famoso nas ruas e chamou a atenção de Eminem, que contratou Fifty para a gravadora dele e de Dr. Dre. Essa iniciativa preparou o terreno para a ascensão meteórica de Fifty ao topo do mundo da música em 2003 e a subsequente criação do império comercial desenvolvido por ele desde então.

Vivemos tempos estranhos. A velha ordem está desmoronando diante de nossos olhos. E, no entanto, em um momento tão turbulento, nossos líderes nos negócios e na política se apegam ao passado e às antigas formas de agir. Temem mudanças e qualquer tipo de desordem.

Os novos tipos destemidos, representados por Fifty, seguem na direção oposta. O caos dos tempos atuais combina com seu temperamento. Eles cresceram sem medo de experimentar, de dar meia-volta e tentar novas maneiras de agir. Abraçam os avanços tecnológicos que secretamente causam temor nos outros. Libertam-se do passado e criam um modelo de negócios próprio. Não cedem ao espírito conservador que assombra o mercado corporativo neste período radical. E no âmago de seu sucesso está uma premissa, uma Lei do Poder que é conhecida e usada por todos os tipos destemidos do passado e é a base de qualquer tipo de sucesso no mundo.

A 50ª Lei

O maior medo de uma pessoa é o de ser ela mesma. Todos querem ser 50 Cent ou quem quer que seja. Fazem o mesmo que os outros, mesmo que isso vá de encontro a quem elas são e onde estão. Mas assim ninguém chega a lugar nenhum; você esgota suas energias e não atrai qualquer atenção. Você foge da única coisa que tem: o que o torna diferente. Eu perdi esse medo. E assim que senti o poder que existe em mostrar ao mundo que eu não dava a mínima para ser como os outros, nunca mais olhei para trás.

— 50 CENT

A 50ª Lei baseia-se na seguinte premissa: geralmente temos pouco controle sobre as circunstâncias. As pessoas cruzam nosso caminho, podendo nos afetar direta e indiretamente, e passamos os dias reagindo ao que elas fazem. Coisas boas surgem em nosso caminho, alternando-se com coisas ruins. Fazemos o possível para adquirir algum controle, pois a impotência diante dos acontecimentos nos deixa infelizes. Às vezes até conseguimos, mas o fato é que infelizmente a nossa margem de controle sobre as pessoas e circunstâncias é limitada.

A 50ª Lei, entretanto, atesta que há uma coisa que podemos controlar: nossa forma de reagir aos eventos e lidar com eles. E se conseguirmos superar nossas ansiedades e forjar uma atitude destemida em relação à vida, algo estranho e notável pode ocorrer. A margem de controle sobre as circunstâncias aumenta. Em um nível mais extremo, podemos até criar as próprias circunstâncias, que é a fonte do enorme poder dos destemidos ao longo da história. E todos que praticam a 50ª Lei possuem certas qualidades em comum que potencializam essa habilidade, como *ousadia suprema, não convencionalidade, fluidez* e *senso de urgência*.

Uma atitude ousada exige um alto grau de confiança. As pessoas que sofrem as consequências dessa atitude, ou que a testemunham, acreditam que essa confiança é real e lógica. Sua reação instintiva é recuar, sair do caminho ou seguir a pessoa confiante. Uma atitude ousada pode desconcertar as pessoas e eliminar obstáculos. Dessa forma, é possível criar circunstâncias favoráveis.

Somos criaturas sociais, portanto é natural querermos nos encaixar entre as pessoas ao nosso redor e nas normas do grupo. Mas, por trás disso, existe um medo profundo – de se destacar, de seguir o próprio caminho, independentemente da opinião dos outros. Os tipos destemidos conseguem domar esse medo. E nos fascinam por não serem convencionais. No fundo, nós os admiramos e respeitamos por isso; gostaríamos de conseguir agir como eles. Em geral, é difícil sustentar nosso foco; nosso interesse muda de um espetáculo para outro. Mas aqueles que se expressam de forma destemida exigem nossa atenção em um nível mais profundo por mais tempo, o que se traduz em poder e controle.

Muitos de nós reagem às mudanças impostas pela vida tentando microgerenciar tudo no ambiente que nos cerca. Quando algo inesperado acontece, primeiro ficamos sem ação e depois recorremos a alguma tática que funcionou no passado. Se as circunstâncias mudam de uma hora para a outra, ficamos sobrecarregados e perdemos o controle. Aqueles que seguem a 50ª Lei não têm medo da mudança nem do caos, abraçando ambos com a maior serenidade possível. Movem-se com o fluxo dos acontecimentos e os canalizam suavemente na direção mais adequada, explorando o momento. Com sua mentalidade, convertem o negativo (acontecimentos inesperados) em positivo (oportunidades).

Ficar entre a vida e a morte ou se dar conta da finitude da vida pode ter um efeito positivo e terapêutico. A vida é curta, portanto é melhor aproveitar cada momento, enxergando-a com um senso de urgência. Ela pode acabar a qualquer instante. Os tipos destemidos geralmente adquirem essa consciência depois de vivenciarem alguma experiência traumática. Sentem-se energizados para aproveitar a vida ao máximo, e o impulso que isso lhes proporciona os ajuda a determinar o que virá em seguida.

É tudo muito simples: quando ignora essa lei fundamental, carregando consigo seus medos habituais, você limita suas opções e sua capacidade de moldar os eventos. Seu medo pode levá-lo a um campo negativo em que suas forças se invertem. Ser conservador, por exemplo, pode fazê-lo ficar acuado num canto, correndo o risco de perder tudo o que conquistou porque não conseguiu se adaptar às mudanças. Esforçar-se tanto para agradar às pessoas pode surtir o efeito contrário e afastá-las – é difícil respeitar os tipos puxa-saco. Se você tem medo de aprender com seus erros, é muito provável que continue a repeti-los. Quando você ignora essa lei, não há escolaridade, contatos ou conhecimentos técnicos que o salvem. Sua atitude receosa o deixa encarcerado em uma prisão invisível, e você vai continuar preso lá para sempre.

Aplicar a 50ª Lei cria a dinâmica oposta, ou seja, gera possibilidades, proporciona liberdade de ação e ajuda a criar um ímpeto positivo na vida.

A chave para ter esse poder supremo é lidar ativamente com seus medos. Isso significa enfrentar situações das quais você costuma fugir: tomar decisões difíceis, confrontar pessoas que o envolvem em jogos de poder, pensar em si mesmo e no que é necessário para você – e não para os outros –, obrigando-se a mudar o rumo da sua vida, mesmo que essa mudança seja exatamente o que você teme.

Coloque-se deliberadamente em situações que considera difíceis e avalie suas reações. Em cada caso, você vai perceber que seus medos eram exagerados e que confrontá-los tem o efeito estimulante de aproximar você da realidade.

Em algum momento, você descobrirá o poder da *inversão*, constatando que superar o aspecto negativo de um medo específico leva a uma qualidade positiva: autossuficiência, paciência, autoconfiança e assim por diante. (Os capítulos a seguir enfatizarão essa mudança de perspectiva.) E depois que você começa a trilhar esse caminho, é difícil voltar atrás. Você continuará seguindo em frente até chegar a uma abordagem ousada e destemida em relação a tudo.

Entenda: você não precisa crescer no Southside Queens ou levar um tiro para desenvolver essa atitude. Todos nós, em qualquer ambiente, enfrentamos desafios, competição e contratempos. O medo nos faz optar por ignorá-los ou evitá-los. O que importa não é o ambiente ao seu redor, mas seu estado mental, como você lida com a adversidade que faz parte da vida em todos os níveis. Fifty *teve* que enfrentar seus medos. Você vai ter que *escolher* enfrentar os seus.

Por fim, sua atitude tem o poder de moldar a realidade em duas direções opostas: uma que o deixa constrangido e encurralado e outra que oferece possibilidades e liberdade de ação. O mesmo se aplica ao seu estado de espírito ao ler os capítulos a seguir. Se estiver com o ego inflado, sentindo-se julgado ou atacado, no modo defensivo, você vai se fechar ao poder que esse conhecimento pode lhe proporcionar, o que só o prejudicará. Somos todos humanos. Todos temos medos. Ninguém está sendo julgado. Da mesma forma, se você ler os capítulos a seguir como se fossem instruções rígidas para a sua vida, tentando segui-las minuciosamente ao pé da letra, restringirá o aproveitamento desse conteúdo, prejudicando a aplicação dele à sua realidade.

Sendo assim, absorva essas palavras com a mente aberta e sem medo, deixando que as ideias toquem você profundamente e afetem sua maneira de ver o mundo. Não tenha medo de testá-las. Ao moldar este livro às suas circunstâncias, você enxergará tudo de outra forma.

Está claro que os homens impetuosos são mais atraentes que aqueles que agem com cautela.

— NICOLAU MAQUIAVEL

1

Veja as coisas como elas são – Realismo intenso

A realidade pode ser dura. A vida é curta. Conquistar e manter um lugar neste mundo cruel requer esforço contínuo. As pessoas podem ser traiçoeiras. Elas envolvem você em inúmeras batalhas. Cabe a você resistir à tentação de desejar que as coisas sejam diferentes. É preciso aceitar bravamente as circunstâncias, às vezes até abraçá-las. Ao focar no que acontece ao seu redor, você saberá distinguir o que faz algumas pessoas seguirem em frente e o que faz outras ficarem para trás. Se perceber as manipulações dos outros, será possível revertê-las. Quanto maior sua compreensão da realidade, mais poder você terá para direcioná-la a seu favor.

O OLHAR DE QUEM SE VIRA NAS RUAS

A vida é assim: nova e estranha. Estranha porque a tememos, nova porque até agora fechamos os olhos para ela. O homem é o homem e a vida é a vida, e precisamos aceitá-los como são. Se quisermos modificá--los, vamos ter que lidar com eles na forma em que existem.
— RICHARD WRIGHT

Quando garoto, Curtis Jackson (50 Cent) era movido pela ambição. Mais do que qualquer outra coisa, seu desejo era justamente aquilo que aparentemente nunca teria: dinheiro, liberdade e poder.

Nas ruas do Southside Queens, onde cresceu, Curtis encarava uma realidade sombria e deprimente. Podia optar por levar os estudos a sério, mas os garotos que seguiam esse caminho não iam muito longe, acabando em empregos mal remunerados. Podia entrar para o mundo do crime e ganhar dinheiro rápido, mas quem escolhia essa vida morria jovem ou passava boa parte da juventude na cadeia. Outra alternativa era usar drogas, mas esse era um caminho sem volta. No meio de todas essas ponderações, as únicas pessoas que ele via levando a vida com a qual sonhava eram os traficantes de drogas. Eles tinham os carros, as roupas, o estilo de vida e o poder que atendiam às suas ambições. Assim, aos 11 anos, Curtis decidiu seguir esse caminho e tentar se tornar o maior traficante de todos.

No entanto, quanto mais ele se envolvia com o tráfico, mais percebia que a realidade era bem mais sombria e dura do que havia imaginado. Seus clientes, muitos deles dependentes químicos, eram instáveis e confusos. Os colegas traficantes disputavam o mesmo número limitado de esquinas e não hesitariam em apunhalá-lo pelas costas. Os traficantes do alto escalão da organização eram violentos e impiedosos. Se você se saísse muito bem, alguém tentaria tirar o que era seu. A polícia estava por toda parte. Um movimento errado poderia levá-lo à prisão. Como ter sucesso em meio a esse caos e esquivar-se de todos os perigos? Parecia impossível.

Um dia, Fifty estava discutindo os aspectos problemáticos do trabalho com um traficante mais velho chamado Truth, que lhe disse algo que ele nunca esqueceria: "Não reclame das dificuldades." Na verdade, a vida dura das ruas é uma bênção para quem sabe o que está fazendo. Por ser um ambiente tão perigoso, o traficante precisa estar absolutamente atento ao que acontece ao seu redor. Precisa ter uma noção do todo, de quem pode lhe causar problemas, de onde pode haver novas oportunidades. Precisa enxergar através de tudo que as pessoas lhe impõem, como manipulações e ideias inviáveis. Tem que olhar para si mesmo, perceber as próprias limitações, se dar conta dos próprios equívocos. Tudo isso aguça o olhar e faz de você um observador perspicaz. E é aí que mora o seu poder.

Segundo Truth, o maior perigo que enfrentamos não é a polícia ou algum rival implacável. É ficar com a mente fraca. "Já vi isso acontecer com muitos traficantes", contou ele. "Quando as coisas estão indo bem, o cara começa a pensar que vai ser sempre assim e relaxa. Quando as coisas estão indo mal, ele começa a se lamentar e inventa algum esquema para conseguir dinheiro rápido e fácil. De uma maneira ou de outra, ele logo se dá mal. Se perder o controle da realidade nessas ruas, já era."

Nos meses que se seguiram, Curtis refletiu sobre essas palavras, e a mensagem começou a fazer sentido. Ele decidiu transformar as palavras do traficante em uma espécie de código para sua vida: não confiaria em ninguém; esconderia suas intenções, mesmo de amigos e parceiros; e não importava para onde a vida o levasse, para cima ou para baixo, ele continuaria sendo realista, mantendo o olhar de traficante aguçado e atento.

Nos anos seguintes, ele se tornou um dos traficantes mais experientes de sua área de atuação, operando uma equipe reduzida que lhe rendia um bom dinheiro. O futuro parecia promissor, mas um instante de desatenção o fez ser pego pela polícia e, aos 16 anos, Curtis foi condenado a nove meses em um centro de detenção para menores infratores no norte do estado de Nova York. Nesse espaço desconhecido, e com tempo para refletir, as palavras de

Truth voltaram à sua mente. Não era hora de ficar deprimido ou se iludir, e sim de fixar aquele olhar de traficante em si mesmo e no mundo em que vivia. De vê-lo como ele é, por mais sombrio que fosse.

Sua ambição era desenfreada. Fifty queria um poder de verdade, algo que contribuísse com o seu crescimento. Mas nenhum traficante dura tanto assim nas ruas. É um jogo para jovens. Quando chegam aos 20 e poucos anos, eles diminuem o ritmo e se veem em uma situação complicada e trágica, ou acabam fugindo e aceitando um emprego qualquer. O que os impede de enxergar essa realidade cruel é a possibilidade de ganhar dinheiro fácil e o imediatismo; acreditam que os benefícios daquela vida vão durar para sempre. Morrem de medo de tentar outra coisa. Não importa se você é um gênio, sempre vai haver um limite para o seu sucesso.

Fifty precisava acordar e enfrentar a realidade enquanto ainda era jovem e teria mais facilidade para alcançar seus objetivos. Não podia ter medo de tentar. Assim, a partir dessas reflexões, decidiu entrar para o mundo da música. Encontraria um mentor, alguém que pudesse lhe ensinar o básico. Aprenderia tudo que pudesse sobre música e o funcionamento do ramo. E não haveria plano B: era tudo ou nada.

Obstinado e exasperado, ele conquistou um lugar para si mesmo ao criar um som que era pesado e ao mesmo tempo refletia a realidade das ruas. Lançando uma campanha de *mixtapes* em Nova York, chamou a atenção de Eminem e, em seguida, conseguiu um contrato com uma gravadora. Finalmente parecia ter conquistado o que queria desde a infância. Tinha dinheiro e poder. As pessoas o tratavam bem. Por toda parte elas o bajulavam, querendo fazer parte de seu sucesso. Com uma cobertura positiva na mídia e um séquito de aduladores, ele não tinha dúvidas de que estava dando tudo certo, mas o sucesso começava a lhe subir à cabeça e a embotar sua visão. Tudo parecia ótimo, mas seria essa a verdade? Agora, mais do que nunca, ele precisava daquele olhar aguçado e penetrante para enxergar além da fama e do glamour.

Quanto mais analisava, mais percebia que a realidade da indústria musical era tão dura quanto a das ruas. Os executivos que controlavam os selos eram implacáveis. Eles o distraíam com falsas promessas, mas no fundo não estavam nem aí para o seu futuro como artista. Queriam sugar cada centavo possível. Bastava haver um declínio nas vendas para que o artista fosse, aos poucos, deixado de lado. Sua derrocada seria ainda mais dolorosa por ter vivenciado o sucesso. Na verdade, você era um peão no jogo deles. Um mero traficante de esquina tinha mais poder e controle sobre o futuro do que um rapper.

E o que dizer do negócio em si? As vendas de discos estavam despencando porque as pessoas tinham passado a piratear músicas ou consegui-las de outras formas. Qualquer um sabia disso. O antigo modelo de negócios teria que ser deixado para trás. Mas esses mesmos executivos que pareciam tão perspicazes tinham medo de enfrentar a nova realidade. Agarravam-se firmemente ao passado e estavam dispostos a levar todos para o fundo do poço com eles.

Mas não Fifty. Ele evitaria esse destino seguindo em outra direção. Criaria um império diversificado, sendo a música apenas uma ferramenta para chegar lá. Suas decisões seriam baseadas nas constantes mudanças que aconteciam no mundo da música, mas que estavam infectando todos os níveis de negócios. Tanto fazia se os outros tivessem diplomas, dinheiro e contatos. Ele contaria com o olhar sagaz do cara que tinha vindo das ruas e que o havia levado do fundo do poço ao topo em alguns anos.

A ABORDAGEM DESTEMIDA

A realidade é minha droga. Quanto mais a absorvo, mais poder tenho e melhor eu me sinto.

— 50 CENT

Você pode pensar que Fifty só é assim porque viveu nas ruas e que o código que criou para si mesmo tem a ver apenas com a vida dele, mas esse é só um sintoma de seus sonhos, de quanto você está profundamente contaminado por fantasias e de quanto tem medo de enfrentar a realidade. O mundo se tornou tão sujo e perigoso quanto as ruas do Southside Queens, ou seja, um ambiente competitivo no qual todos são traficantes tenazes, deixados à própria sorte.

As palavras de Truth se aplicam tanto a Fifty quanto a você: o maior perigo que você enfrenta é o de perder o foco e a capacidade de enxergar as coisas ao seu redor. Quando tudo vai mal e surge a vontade de desistir, sua mente tende a fantasiar. Você deseja que as coisas sejam de uma determinada maneira e, lenta e sutilmente, volta-se para seus pensamentos e devaneios. Se tudo está bem, você se acomoda, achando que a situação atual nunca vai mudar. Deixa de prestar atenção. Quando percebe, acaba minado pelas mudanças que já estão em andamento e pelos jovens surgindo à sua volta, desafiando a sua posição.

Entenda: você precisa ainda mais desse código do que Fifty. O mundo dele era tão espinhoso e perigoso que o *forçou* a abrir os olhos para a realidade, para nunca perdê-la de vista. Acredito que o seu mundo, leitor, seja mais aconchegante e menos violento, com menos riscos imediatos. Isso faz com que você se perca e sua visão se turve por suposições. A dinâmica competitiva (nas ruas ou no mundo dos negócios) é, na verdade, a mesma, mas o ambiente aparentemente confortável em que você vive torna mais difícil enxergar isso. A realidade tem poder próprio: você pode até dar as costas a ela, mas ela fatalmente vai alcançá-lo, e sua incapacidade de lidar com ela será sua ruína. Essa é a hora de parar de sonhar e acordar; de avaliar a si mesmo, as pessoas ao seu redor e o rumo que você está tomando, à luz mais fria e realista possível. Sem medo.

Pense na realidade da seguinte forma: as pessoas geralmente são misteriosas. É impossível ter certeza de suas reais intenções. As aparências enganam, e as atitudes manipuladoras dessas pessoas não condizem com suas palavras ou promessas grandiosas. Tudo isso pode ser confuso. Enxergar as pessoas como elas são, e não como você acha que deveriam ser, significa ter uma noção melhor das motivações delas. Significa ser capaz de ir além da fachada que elas apresentam ao mundo e enxergar seu verdadeiro caráter. As atitudes que você adota na vida serão muito mais eficazes se tiverem como base essa premissa.

Seu ambiente de trabalho é outra camada da realidade. Neste momento, as coisas podem parecer calmas na superfície, mas há mudanças por toda parte; surgem perigos no horizonte. Logo suas suposições sobre como as coisas são feitas ficarão desatualizadas. Tais mudanças e problemas não ficam aparentes de imediato. Ser capaz de enxergá-los antes que se avolumem lhe proporcionará um grande poder.

A capacidade de enxergar a realidade por trás das aparências não depende do grau de escolaridade nem da inteligência. As pessoas podem ser muito bem instruídas e informadas, e não ter uma noção real do que acontece ao seu redor. Na verdade, esse conhecimento depende do caráter e do destemor. Simplificando: os realistas não têm medo de encarar as dificuldades da vida. Eles aguçam o olhar prestando total atenção nos detalhes, nas intenções das pessoas, nas realidades obscuras que se escondem por trás de qualquer superfície glamourosa. Como se fosse um músculo, essa capacidade de ver com mais intensidade precisa ser estimulada para crescer.

É uma simples questão de escolha. A qualquer momento da vida, você pode se converter ao realismo, que não é um sistema de crenças, mas uma maneira de olhar o mundo. Isso significa que cada circunstância e cada indivíduo são diferentes uns dos outros, e sua tarefa é captar essas diferenças para então tomar as medidas adequadas. Seus olhos precisam estar voltados para o mundo, não para você ou o seu ego. O que você enxerga determina como pensa e age. No momento em que passa a acreditar em alguma ideia cômoda e se apega a ela, independentemente do que seus olhos e seus ouvidos revelem, você deixa de ser um realista.

Para ver esse poder em ação, considere Abraham Lincoln, um grande presidente da história dos Estados Unidos. Lincoln teve pouca educação formal e cresceu em um ambiente de fronteira inóspito. Quando jovem, ele gostava de desmontar máquinas para em seguida montá-las novamente. Era pragmático ao extremo. Como presidente, viu-se obrigado a enfrentar a mais grave crise do país. Estava cercado por secretários de gabinete e conselheiros que não tinham outro interesse além de promover a si mesmos ou alguma rígida ideologia em que acreditavam. Eram pessoas emotivas e passionais; consideravam Lincoln um fraco. Todos achavam que ele demorava muito para tomar uma decisão e com frequência acabava optando pela posição contrária à recomendada. Lincoln confiava em generais como Ulysses S. Grant, que era alcoólico e desajustado socialmente. Trabalhava com pessoas que seus assessores consideravam inimigos políticos.

O que não perceberam na época foi que Lincoln enfrentava cada circunstância sem preconceitos. Estava determinado a avaliar tudo exatamente como era. Suas escolhas baseavam-se no mais puro pragmatismo. Lincoln era um observador perspicaz da natureza humana e insistia em Grant porque o via como o único general capaz de agir de forma eficaz. Julgava as pessoas pelos resultados, não pela simpatia ou por seus valores políticos. Sua avaliação cautelosa de pessoas e eventos não era uma fraqueza, mas o auge de sua força e sua coragem. Trabalhando dessa forma, ele conduziu cuidadosamente o país em inúmeras situações de perigo. Não costumamos ouvir histórias desse tipo, pois preferimos nos deixar levar por ideias grandiosas e gestos dramáticos. Mas a genialidade de Lincoln estava em sua capacidade de se concentrar intensamente na realidade e ver as coisas como eram. Ele foi uma prova viva do poder advindo de ser uma pessoa realista.

Pode parecer que se ater tanto assim à realidade nos deixaria deprimidos, mas ocorre justamente o contrário. Ter clareza sobre a direção em que se está seguindo, o que as pessoas estão fazendo e o que está acontecendo no mundo ao seu redor se traduz em confiança, poder e uma sensação de leveza. Você passa a se sentir mais conectado com seu ambiente, como uma aranha na própria teia. Sempre que as coisas saírem errado, você será capaz de se recuperar mais rápido do que os outros, pois logo enxergará o que está acontecendo de fato e como pode navegar até pelos piores momentos. E uma vez que sentir o gostinho desse poder, você encontrará mais satisfação em absorver intensamente a realidade do que em se entregar a qualquer tipo de fantasia.

A CHAVE PARA NÃO TER MEDO

Conheça o inimigo, conheça a si mesmo, e a vitória não estará ameaçada. Conheça o terreno, conheça as condições naturais, e a vitória será total.

— SUN TZU

Os Estados Unidos já foram um país de grandes figuras realistas e pragmáticas. Isso se devia à hostilidade do ambiente, dos muitos perigos na fronteira. Para sobreviver, as pessoas tiveram que se tornar observadoras atentas a tudo que acontecia à sua volta. No século XIX, essa forma de ver o mundo levou a inúmeras invenções, ao acúmulo de riquezas e à ascensão do país como uma grande potência. Mas, com esse poder crescente, as pressões do meio já não eram mais tão intensas, e o caráter dos americanos começou a mudar.

A realidade passou a ser vista como algo a ser evitado. De forma lenta e dissimulada, as pessoas desenvolveram o gosto pela fuga, fosse dos problemas, do trabalho, dos obstáculos da vida. A cultura começou a fabricar fantasias sem fim para que os cidadãos consumissem, e assim ficou mais fácil enganar as pessoas e alimentá-las com essas ilusões, pois não havia mais como distinguir fato de ficção.

Essa dinâmica se repetiu ao longo da história. A Roma Antiga começou como uma pequena cidade-Estado. Seus cidadãos eram fortes e estoicos, ficando famosos por seu pragmatismo. Mas quando seu poder se expandiu e Roma deixou de ser uma república para se tornar um império, tudo se inverteu. A mente de seus cidadãos ansiava cada vez mais por novas formas de fuga. Eles perderam completamente o foco, e embates políticos mesquinhos consumiam sua atenção mais do que os perigos muito maiores que espreitavam o império, que ruiu bem antes da invasão dos bárbaros. A queda de Roma se deveu à fragilidade da mente de seus cidadãos e de seu descaso em relação à realidade.

Entenda: como indivíduo, você não pode impedir que a maré de delírios e escapismo devaste uma cultura, mas pode ser um baluarte contra essa tendência e desenvolver o próprio poder. Você nasceu com a maior arma da natureza: a mente racional e consciente, que tem o poder de expandir sua visão, dando-lhe a capacidade única de distinguir padrões em eventos, aprender com o passado, vislumbrar o futuro, enxergar além das aparências. As circunstâncias muitas vezes acabam conspirando para embotar essa arma e torná-la inútil, uma vez que levam você a se voltar para dentro e ter medo da realidade.

Visualize esse processo como se fosse uma batalha. Você precisa combater essa tendência da melhor forma possível, seguindo na direção oposta. Olhar para fora e observar com atenção tudo que está ao seu redor. Você está travando um embate contra todas as fantasias que lhe são impostas. Está intensificando sua conexão com o ambiente. Você quer clareza, não fuga e confusão. Em meio a tantos sonhadores, seguir nessa direção realista vai lhe dar poder num piscar de olhos.

Considere os itens a seguir como exercícios para a mente – para torná-la menos fechada, mais penetrante e expansiva, um termômetro mais preciso da realidade. Pratique todos eles sempre que puder.

Redescubra a curiosidade – Abertura

Um dia chegou ao conhecimento do filósofo grego Sócrates que o oráculo de Delfos o proclamara o homem mais sábio do mundo. Aquilo o intrigou, pois não se considerava digno de tal título. Constrangido, decidiu percorrer Atenas e encontrar alguém que fosse mais sábio do que ele, imaginando que seria uma tarefa fácil e que logo desmentiria o oráculo.

Sócrates se envolveu em muitas discussões com políticos, poetas, artesãos e outros filósofos, e começou a perceber que o oráculo estava certo. Todas as pessoas com quem conversava tinham muita certeza sobre tudo, arriscando opiniões sólidas sobre assuntos que desconheciam, tomadas de arrogância. No entanto, quando questionadas, não conseguiam defender suas opiniões, que pareciam baseadas em crenças que haviam cristalizado anos antes. Sócrates percebeu que sua superioridade se devia a saber que nada sabia. Isso deixava sua mente aberta para vivenciar as coisas como elas eram, a fonte de todo conhecimento.

Essa posição de ignorância básica é semelhante à da infância, quando a criança sente necessidade e fome de conhecimento para entender aquilo que não sabe e, por isso, observa o mundo de perto, assimilando grandes quantidades de informação ao mesmo tempo. Para ela, tudo é motivo de espanto. Com o tempo, porém, a mente humana tende a se fechar. A certa altura, temos a impressão de saber tudo que precisamos, e nossas opiniões se tornam firmes e seguras. Fazemos isso por medo. Não queremos que nossos pressupostos sobre a vida sejam desafiados. Se formos longe demais nessa direção, podemos nos colocar em uma posição extremamente defensiva e encobrir nossos medos ostentando uma atitude de suprema confiança e certeza.

O que você precisa fazer é voltar à sua mente de criança, abrindo-se para as experiências. Imagine só por um dia que você não sabe nada, que tudo em que acredita pode ser completamente falso. Liberte-se de seus preconceitos e até mesmo de suas crenças mais arraigadas. Experimente. Force-se a defender uma opinião diferente da sua ou a ver o mundo pelos olhos do inimigo. Ouça as pessoas com mais atenção. Encare tudo como uma fonte de aprendizado, até mesmo os encontros mais banais. Imagine que o mundo continua cheio de mistérios.

Quando você age dessa forma, percebe que algo estranho acontece. As oportunidades começam a cair no seu colo, porque, de repente, você está mais receptivo. Às vezes, a sorte ou o acaso dependem de ter a mente aberta.

Conheça todo o terreno – Expansão

As guerras são travadas em territórios específicos, mas há muitos outros fatores envolvidos. Há também o moral dos soldados inimigos, os líderes políticos de ambas as partes, a mente dos generais oponentes que tomam as principais decisões e o dinheiro e os recursos por trás de tudo. Um general medíocre restringirá seu conhecimento ao terreno físico. Outro, mais bem preparado, tentará expandi-lo lendo relatórios sobre os outros fatores que influenciam um exército. E um general ainda mais comprometido tentará aprofundar esse conhecimento observando os acontecimentos com os próprios olhos ou consultando fontes diretas. Napoleão Bonaparte foi um dos grandes generais da história, e o que o distinguiu dos demais foi a enorme quantidade de informações que ele absorveu sobre todos os detalhes da batalha, com o mínimo de filtros possível. Isso lhe conferiu uma compreensão superior da realidade.

O seu objetivo deve ser seguir os passos de Napoleão. Absorver o máximo possível com os próprios olhos. Comunicar-se com pessoas acima e abaixo na cadeia de comando da organização. Não colocar barreiras em suas interações sociais. Busque ter acesso a ideias diferentes. Obrigue-se a frequentar eventos e lugares fora de seu círculo habitual. Se não puder observar algo em primeira mão, busque relatos mais diretos, com menos filtros, ou varie as fontes, para ver as coisas de vários ângulos. Tenha uma noção precisa do que está acontecendo ao seu redor – o terreno completo.

Busque as raízes – Profundidade

Malcolm X era um realista, sua maneira de ver o mundo foi aprimorada por anos nas ruas e na prisão. Depois de solto, sua missão na vida foi descobrir a origem do problema dos negros nos Estados Unidos. Como explicou em sua autobiografia: "Este país adora o brilho superficial das coisas, os artifícios, as aparências, em vez de lidar com seus problemas profundamente arraigados." Ele então decidiu cavar o máximo possível sob a superfície, até chegar ao que acreditava ser a raiz do problema: a dependência. Naquela conjuntura, as pessoas pretas não conseguiam fazer nada por si próprias: dependiam do governo, dos liberais, de seus líderes, de todos, exceto deles mesmos. Se pudessem acabar com essa dependência, teriam o poder para reverter tudo.

Malcolm X morreu antes de cumprir totalmente sua missão, mas seu método continua em voga até hoje. Quando não se chega à raiz de um problema, fica impossível resolvê-lo. As pessoas gostam de olhar a superfície, se empolgam e reagem, fazendo coisas que lhes dão prazer imediato, mas que não as beneficiam no longo prazo.

Esse deve ser o poder e a direção da sua mente sempre que você deparar com algum problema: cavar cada vez mais fundo até chegar ao básico, à raiz. Não se satisfaça com o que se apresenta diante dos seus olhos. Veja o que está por trás de tudo, absorva o que enxergar e vá ainda mais fundo. Sempre questione por que determinado evento ocorreu, quais são as motivações dos envolvidos, quem realmente está no controle, quem se beneficia daquilo. Com frequência as respostas girarão em torno de dinheiro e poder, que geralmente são a razão da maioria dos conflitos. Talvez você nunca chegue à raiz do problema, mas o processo de investigar fará com que se aproxime dela. E essa maneira de agir ajudará a transformar sua mente em um poderoso instrumento analítico.

Enxergue mais adiante – Proporção

Somos criaturas racionais e conscientes por natureza, por isso não podemos deixar de pensar no futuro. Mas a maioria das pessoas, por medo, limita sua visão do futuro ao curto prazo, se concentrando apenas no presente, no que acontecerá daqui a algumas semanas, talvez com uma ideia vaga do que deseja para os próximos meses. Em geral, enfrentamos tantas batalhas imediatas que é difícil enxergar além do dia a dia. Mas uma das leis do poder diz que, quanto mais longe e profundamente contemplarmos o futuro, maior será nossa capacidade de moldá-lo aos nossos desejos.

Quando desenhamos um objetivo pessoal de longo prazo, que tenha sido detalhadamente planejado, temos mais condições de tomar as decisões adequadas no presente. Sabemos quais batalhas ou posições evitar, porque percebemos que elas não nos farão avançar em direção ao nosso objetivo. Com o olhar voltado para o futuro, você pode identificar os perigos no horizonte e tomar medidas efetivas para se desviar deles. Contamos assim com certa perspectiva: às vezes, aquilo que nos preocupa no presente não importa no longo prazo. Tudo isso nos dá um poder maior para atingir nossos objetivos.

Como parte desse processo, observe os problemas menores que atormentam você ou seu empreendimento no presente e trace metas para o futuro, imaginando os impactos deles em sua vida caso ganhem força com o passar do tempo. Pense nos maiores erros, seus ou de outras pessoas. Como poderiam ter sido previstos? Geralmente há sinais que, mais tarde, nos parecem óbvios. Agora tente encontrar esses mesmos sinais que você provavelmente está ignorando no presente.

Analise as ações das pessoas, não suas palavras – Perspicácia

Na guerra ou em qualquer competição, não prestamos atenção nas boas ou más intenções das pessoas. Elas não importam. No jogo da vida, também deveria ser assim. Todos queremos vencer, e alguns usarão justificativas morais a seu favor. O mais importante, porém, é enxergar as táticas das pessoas – o que fizeram no passado e o que se pode esperar delas no futuro. Nessa área, é preciso ser extremamente realista. Entender que todos buscam poder e que, para alcançá-lo, às vezes manipulam e até enganam. Essa é a natureza humana, e não há vergonha nisso. Não leve as táticas das pessoas para o lado pessoal; simplesmente defenda-se ou siga em frente.

Tendo isso em mente, o próximo passo é aprimorar suas habilidades de observador. E não se faz isso pela internet; essa habilidade precisa ser aprimorada nas interações pessoais. Tente interpretar as pessoas, enxergar o que está por trás das aparências. Quando uma pessoa se mostra simpática demais logo de cara, geralmente é porque seus interesses são escusos. Se o elogia demais, muitas vezes é por inveja. Qualquer comportamento que se destaca e parece exagerado é um sinal. Não caia na armadilha dos gestos grandiosos, da imagem pública que elas adotam. Preste mais atenção nos detalhes, nas pequenas coisas que elas revelam no dia a dia. Suas decisões revelam muito e quase sempre é possível identificar um padrão ao analisá-las de perto.

Em geral, olhar as pessoas através da lente das suas emoções obscurece o que você vê e o leva a interpretações equivocadas. O ideal é ter um olhar aguçado em relação aos seus semelhantes, um olhar objetivo e livre de preconceitos.

Reavalie-se – Distanciamento

Às vezes, é preciso direcionar para si sua crescente capacidade de observação. Pense nisso como um ritual a ser realizado a cada poucas semanas, uma rigorosa reavaliação de quem você é e da direção que está seguindo. Examine seus atos mais recentes como se fossem as estratégias de outra pessoa. Imagine como poderia ter feito tudo de um jeito melhor, evitado batalhas desnecessárias ou confrontado pessoas que se puseram em seu caminho, em vez de fugir delas. O objetivo aqui não é se culpar, mas desenvolver a capacidade de se adaptar e modificar seu comportamento ao se aproximar da realidade.

O objetivo desse exercício é cultivar a noção adequada de distanciamento de si mesmo e da vida. Não que você queira sentir esse distanciamento a todo instante. Há momentos em que é preciso agir com ousadia e coragem, sem dúvidas. Em muitas ocasiões, no entanto, você precisa conseguir avaliar o que está acontecendo, sem a interferência do ego ou das emoções. Você vai acabar adquirindo o hábito de se afastar das circunstâncias e observar os eventos de uma posição calma e distanciada, ideal para os momentos de crise. Naquelas vezes em que outros perdem o equilíbrio, você encontrará o seu com relativa facilidade. Ao não se deixar abalar facilmente pelos acontecimentos, você atrairá atenção e poder.

Mudança de perspectiva

A palavra "realista" às vezes ganha conotações negativas. Diz a sabedoria convencional que os realistas podem ser práticos demais e carecem de sensibilidade para as coisas mais sofisticadas e elevadas. Em casos extremos, podem ser cínicos, manipuladores e maquiavélicos. São o oposto dos sonhadores, pessoas de muita imaginação que nos inspiram com seus ideais ou nos divertem com suas criações fantásticas.

Tal conceito resulta do fato de enxergarmos o mundo pela ótica do medo. É hora de mudar essa perspectiva e enxergar sonhadores e realistas como de fato são. Os sonhadores, os que interpretam equivocadamente a situação atual e agem de acordo com suas emoções, costumam ser a fonte dos maiores erros da história – as guerras que não planejaram, os desastres que não previram. Os realistas, por outro lado, são os verdadeiros inventores e inovadores. São homens e mulheres de grande imaginação, mas que constroem uma ponte sólida entre imaginação e ambiente, entre imaginação e realidade. Os realistas são cientistas empíricos, escritores com uma compreensão aguçada da natureza humana ou líderes que nos guiam cuidadosamente durante as crises. São pessoas fortes para enxergar o mundo como ele é, inclusive desenvolvendo uma visão crítica das próprias inadequações pessoais.

Vamos ainda mais longe. As verdadeiras poesia e beleza da vida vêm de um relacionamento intenso com a realidade em todos os seus aspectos. O realismo é, de fato, o ideal ao qual devemos aspirar, o ápice da racionalidade humana.

É difícil, se não impossível, para um povo que se apega a suas ilusões, aprender o que vale a pena: um povo que precisa criar a si mesmo deve examinar todas as coisas e absorver o aprendizado como as raízes de uma árvore absorvem água.

— JAMES BALDWIN

2

Aproprie-se de tudo – Autossuficiência

Quando você trabalha para os outros, fica à mercê deles, e essas pessoas se tornam donas do seu trabalho, suas donas. Seu espírito criativo é sufocado. O que mantém você nessa situação é o medo de afundar ou de ter que nadar sozinho. Acontece que o que você realmente deveria temer é o que acontecerá com você se continuar a depender dos outros em busca do poder. Seu objetivo principal, em qualquer área da vida, deve ser a propriedade, conquistar o seu espaço. Quando você possui algo, corre o risco de perdê-lo, por isso se sente mais motivado, mais criativo, mais vivo. O poder máximo da vida é ser totalmente autossuficiente, totalmente você.

O império do traficante

A natureza humana é tal que não consegue honrar um homem indefeso, embora tenha pena dele; e mesmo isso ela não sentirá por muito tempo se os sinais de poder não surgirem.
— FREDERICK DOUGLASS

Depois de cumprir uma breve sentença em um programa de reabilitação no Brooklyn por seu primeiro delito como traficante de drogas, Curtis Jackson voltou às ruas partindo da estaca zero. O dinheiro que ele havia ganhado nos anos anteriores como traficante de pequeno porte havia acabado, e seus clientes, antes leais, haviam encontrado outros fornecedores.

Um amigo, agora no comando de uma grande operação de cocaína e crack, ofereceu um trabalho a Curtis: embalar drogas. Ele receberia uma diária que não era ruim. Precisando desesperadamente do dinheiro, Curtis aceitou a oferta. Talvez, mais adiante, seu amigo lhe passasse parte do negócio e ele pudesse se reestabelecer. Mas desde o primeiro dia de trabalho percebeu que havia cometido um erro. Os outros empacotadores com os quais trabalhava também eram ex-traficantes, só que agora eram funcionários dele: tinham que cumprir horário e se submeter à autoridade do patrão. Curtis perdera não apenas seu dinheiro, mas também sua liberdade. Essa nova situação contrariava todas as lições de sobrevivência que ele havia aprendido da forma mais difícil até então.

Curtis fora criado pelos avós, que eram amorosos e gentis, mas se desdobravam para cuidar dos outros netos e não podiam dar atenção exclusiva a cada um. Quando precisava de alguma orientação ou conselho, Fifty não tinha a quem recorrer. Ao mesmo tempo, se quisesse uma roupa nova ou algo assim, não se sentia à vontade para pedir aos avós, que viviam sempre sem dinheiro. Isso tudo significava que ele estava basicamente sozinho no mundo. Não podia contar com ninguém para lhe dar coisa alguma. Ele teria que se virar sozinho.

Então, em meados da década de 1980, o uso de crack se disseminou nas ruas e, em bairros como o dele, tudo mudou. Antes, as grandes gangues controlavam o negócio das drogas e, para se envolver, era preciso se encaixar na estrutura, levando anos para conseguir subir na hierarquia. Mas era muito fácil produzir crack, e a demanda era tão grande que qualquer um – por mais jovem que fosse – podia entrar no jogo sem precisar de capital inicial. Era possível trabalhar por conta própria e fazer um bom dinheiro. Para pessoas como Curtis, que cresceram com pouca supervisão dos responsáveis e com desprezo pelas autoridades, ser um pequeno traficante independente era a opção perfeita – nada de jogos políticos, nada de chefes acima de você. Assim, ele rapidamente se juntou ao grupo cada vez mais numeroso de traficantes de crack nas ruas do Southside Queens.

Assim que se ambientou no ramo, aprendeu uma lição fundamental. Nas ruas, os traficantes enfrentavam uma infinidade de problemas e perigos – policiais infiltrados, usuários violentos e rivais que tramavam para roubá-lo. Se o cara fosse fraco, recorreria às drogas ou ao álcool. Esse era o caminho da perdição. Uma hora o amigo não aparecia como havia prometido ou sua mente estava embotada demais pelas drogas para que percebesse a traição de alguém. A única maneira de sobreviver era levar em conta que estava sozinho, aprender a tomar as próprias decisões e confiar nos próprios julgamentos. Não peça aquilo de que precisa, conquiste você mesmo. Dependa apenas de si mesmo.

Naquele contexto, era como se um traficante, nascido na miséria, tivesse um império. Não era algo físico – a esquina onde ele trabalhava ou o bairro que ele queria dominar. Era seu tempo, sua energia, seus esquemas criativos, sua liberdade de ir aonde quisesse. Se ele mantivesse o comando daquele império, ganharia dinheiro e prosperaria. Se pedisse ajuda, se caísse nos jogos políticos de outras pessoas, perderia tudo. Nesse caso, as condições negativas do bairro seriam ampliadas e ele acabaria como um desabrigado, um peão no tabuleiro de outra pessoa.

Sentado ali, embalando drogas naquele primeiro dia, Curtis percebeu que aquele era mais do que um hiato momentâneo em sua vida, no qual precisava ganhar dinheiro rápido. Era um momento crucial. Ele olhou para os outros que faziam o mesmo trabalho. Todos haviam passado por momentos difíceis – violência, prisão, etc. Tinham ficado assustados, cansados de lutar. Queriam o conforto e a segurança de um salário. E esse seria o padrão para o resto de suas vidas – com medo dos desafios, eles acabariam dependendo da ajuda de outros. Talvez continuassem assim por vários anos, mas chegaria a hora em que não haveria mais trabalho e eles teriam esquecido como se virar sozinhos.

Curtis achava improvável que o homem que agora o empregava para embalar a droga um dia o ajudaria a abrir o próprio negócio. Chefes não faziam isso, mesmo que fossem seus amigos. Só pensavam em si mesmos e usavam você. Ele tinha que dar o fora o mais rápido possível, antes que o império escapasse de suas garras e ele se tornasse mais um ex-traficante dependendo de favores.

Ele logo adotou a mentalidade de traficante e descobriu como fugir daquela armadilha. No fim do primeiro dia, fez um trato com os outros embaladores. Ele distribuiria entre eles a diária que ganharia. Em troca, ele os ensinaria a colocar menos crack em cada cápsula, fazendo parecer que estava cheia (fizera isso nas ruas por anos). E eles dariam a Curtis a quantidade de crack que sobrava de cada cápsula. Em uma semana, ele havia acumulado droga suficiente para voltar a traficar nas ruas, seguindo seus termos. Depois disso, jurou a si mesmo que nunca mais trabalharia para ninguém. Preferia morrer.

Anos mais tarde, como já comentei, o então 50 Cent conseguira transicionar para uma carreira na música e, após uma agressiva campanha de distribuição de *mixtapes* nas ruas de Nova York, onde se tornou uma celebridade, chamou a atenção de Eminem, que o ajudou a assinar um contrato lucrativo com seu próprio selo dentro da Interscope Records.

Havia muito a ser feito para o lançamento de seu álbum de estreia, *Get Rich or Die Tryin'*, como campanhas de marketing, vídeos e artes, e ele foi para Los Angeles trabalhar com a Interscope nesses projetos. No entanto, quanto mais tempo passava nos confortáveis escritórios da gravadora, maior era a sensação de que estava vivendo outro momento decisivo na vida.

O jogo dos executivos da música era simples: apropriavam-se de sua arte e de muito mais. Eles queriam embalar o artista do jeito deles e ditar as principais decisões sobre os videoclipes e a publicidade. Em troca, ofereciam dinheiro e mordomias. Criavam uma sensação de dependência – sem a enorme máquina deles por trás, o artista se sentia impotente em um setor cruel e competitivo. Em suma: trocava-se liberdade por dinheiro. E uma vez que você sucumbisse internamente à lógica e ao dinheiro deles, estava acabado. Voltava a ser um embalador bem pago fazendo seu trabalho.

E, assim como antes, Fifty adotou a mentalidade de traficante para retomar seu império. Não demorou para se organizar e começar a gravar os próprios vídeos, com seu próprio dinheiro, criando as próprias estratégias de marketing. Aos olhos da Interscope, parecia que ele estava economizando tempo e recursos para eles, mas para Fifty era uma forma sutil de recuperar o controle de sua imagem. Ele montou um selo para seu grupo de artistas dentro da Interscope e o usou para aprender todos os aspectos da produção. Criou um site com o qual podia experimentar novas maneiras de comercializar sua música. Driblou a dinâmica da dependência, usando a Interscope como escola para aprender a tocar as coisas sozinho.

Tudo isso fazia parte do objetivo final que ele tinha em mente – rescindiria o contrato com a Interscope e, em vez de renegociar um novo contrato, proclamaria sua independência e seria o primeiro artista a criar sua própria gravadora. A partir dessa posição de poder, não precisaria mais bajular executivos e poderia expandir seu império do jeito que quisesse. Seria exatamente como a liberdade que ele havia experimentado nas ruas, só que dessa vez em escala global.

A ABORDAGEM DESTEMIDA

Nasci sozinho e vou morrer sozinho. Tenho que fazer o que é certo para mim, e não viver a vida da maneira que os outros querem.

— 50 CENT

Você nasce com os únicos bens que realmente importam – seu corpo, o tempo que você tem para viver, sua energia, os pensamentos e ideias que são exclusivamente seus e sua autonomia. Mas, com o passar dos anos, tende a abrir mão de tudo. Passa anos trabalhando para os outros – durante esse tempo, eles são seus donos. Envolve-se desnecessariamente nos joguinhos e batalhas das pessoas, desperdiçando tempo e energia que nunca mais vai ter de volta. Passa a respeitar cada vez menos as próprias ideias, dando ouvidos a especialistas e se ajustando às opiniões convencionais. Sem perceber, desperdiça sua independência, aquilo que o torna um indivíduo criativo.

É preciso reavaliar todo o seu conceito de propriedade antes que seja tarde demais. Não se trata de possuir coisas, dinheiro ou títulos. Você pode ter tudo isso, mas se mesmo assim continuar procurando a ajuda e a orientação dos outros, se depender do dinheiro ou dos recursos deles, acabará perdendo o que lhe resta quando as pessoas o decepcionarem, quando a adversidade chegar ou quando, por impaciência, recorrer a algum esquema tolo. A verdadeira propriedade só pode vir de dentro. Do desprezo por qualquer coisa ou pessoa que interfira em sua mobilidade, da confiança em suas próprias decisões e do uso de seu tempo na busca contínua de informação e aprimoramento.

Somente a partir dessa posição interior de força e autossuficiência você será capaz de trabalhar em favor próprio e nunca retroceder. Se surgirem situações em que você tenha que fazer parcerias ou ingressar em outra organização, você precisa se preparar mentalmente para quando deixar para trás esses relacionamentos temporários. Se não for dono de si, estará sempre à mercê das pessoas e das circunstâncias, olhando para fora em vez de confiar em si mesmo e em sua capacidade.

Entenda: estamos vivendo uma revolução do empreendedorismo comparável àquela que varreu o bairro de Fifty na década de 1980, mas em escala global. Os antigos centros de poder estão se rompendo. Em todos os lugares, as pessoas querem ter mais controle sobre o próprio destino e têm muito menos respeito por uma autoridade baseada não no mérito, mas no simples poder. Todos nós passamos a nos questionar por que alguém deve nos governar, por que nossas fontes de informação deveriam depender da grande mídia, e assim por diante. Não aceitamos as mesmas coisas de antes.

Tudo isso nos leva ao direito e à capacidade de administrar nossos próprios projetos, qualquer que seja sua forma ou seu modo, para experimentar essa liberdade. Somos todos traficantes em um novo ambiente econômico e, para prosperar nele, precisamos cultivar a mesma autossuficiência que ajudou Fifty a superar as perigosas dependências que o ameaçaram ao longo do caminho.

Para Fifty, uma coisa era clara – ele estava sozinho na casa em que crescera e nas ruas. Não podia contar com o apoio de ninguém e, portanto, teve que aprender a ser autossuficiente. Para ele, as consequências de depender dos outros eram catastróficas: decepções constantes e necessidades urgentes que não seriam supridas. Para nós, é mais difícil perceber que estamos essencialmente sozinhos neste mundo e que necessitamos das mesmas habilidades que Fifty precisou desenvolver nas ruas. Camadas de apoio parecem nos sustentar. Mas, no fim, esses apoios são ilusórios.

O que nos move no mundo são nossos interesses pessoais. É natural pensar antes em si e nos próprios interesses. Um gesto ocasional de bondade ou de generosidade vindo de uma pessoa conhecida tende a encobrir essa realidade e nos faz acreditar que sempre teremos apoio, até sofrermos uma decepção, e depois mais outra, e mais outra. Estamos mais sozinhos do que imaginamos. Isso não deveria ser motivo de medo, e sim de liberdade. Quando prova a si mesmo que pode fazer algo sozinho, você experimenta uma sensação de liberdade. Não espera mais que as pessoas façam isso ou aquilo por você (uma experiência frustrante e irritante). Você confia que pode lidar sozinho com qualquer adversidade.

Veja o caso de Rubin "Hurricane" Carter, um famoso pugilista peso médio que foi preso em 1966, no auge de sua carreira, acusado de triplo homicídio. No ano seguinte, foi condenado a três penas consecutivas de prisão perpétua. Durante todo o tempo, Carter insistiu que era inocente e, em 1986, finalmente foi inocentado das acusações e libertado. No entanto, durante esses 19 anos, ele teve que suportar um dos ambientes mais brutais conhecidos pelo homem, concebido para destruir até o último vestígio de autonomia.

Carter sabia que seria libertado em algum momento. Mas, no dia de sua libertação, será que ele andaria pelas ruas com o espírito abatido pelos anos na prisão? Ele seria o tipo de ex-presidiário que continuaria voltando ao sistema porque não conseguia mais fazer nada por si mesmo?

Ele decidiu que derrotaria o sistema: usaria os anos que passou na prisão para desenvolver sua autossuficiência, de modo que, quando fosse libertado, sua libertação fizesse sentido. Para tanto, elaborou a seguinte estratégia: agiria como um homem livre, embora cercado por muros e paredes. Não usaria uniforme nem crachá. Ele era um indivíduo, não um número. Não faria as refeições junto com os outros prisioneiros, não realizaria as tarefas designadas nem compareceria às audiências de liberdade condicional. Foi enviado para a solitária por causa dessas transgressões, mas não temia os castigos nem a solidão. Temia apenas perder a dignidade e o senso de propriedade.

Como parte dessa estratégia, ele se recusou a ter na cela televisão, rádio e revistas pornográficas. Sabia que se tornaria dependente desses prazeres frágeis, e isso daria aos carcereiros algo que poderiam tirar dele. Além disso, essas distrações eram apenas tentativas de matar o tempo. Em vez disso, ele se tornou um leitor voraz de livros que ajudariam a fortalecer sua mente. Escreveu uma autobiografia com a qual conquistou simpatia para sua causa. Estudou Direito por conta própria, determinado a fazer com que sua condenação fosse anulada. Transmitiu aos outros detentos as ideias que havia aprendido em suas leituras. Dessa forma, usou o tempo que passou na cadeia para realizar seus objetivos.

Quando enfim deixou a cadeia, recusou-se a processar o Estado – isso seria reconhecer que ele era um ex-presidiário em busca de indenização. Ele não precisava de nada. Agora era um homem livre, com as habilidades essenciais para conquistar poder no mundo. Em liberdade, tornou-se defensor dos direitos dos prisioneiros e recebeu vários títulos honorários de Direito.

Pense da seguinte forma: a dependência é um hábito fácil de adquirir. Vivemos em uma cultura que oferece todo tipo de muleta – especialistas a quem recorrer, drogas para aliviar qualquer mal-estar psicológico, pequenos prazeres para ajudar a passar o tempo, empregos para mantê-lo apenas com a cabeça fora da água. É difícil resistir. Mas, uma vez tendo cedido, é como se você entrasse em uma prisão da qual nunca poderá sair. Continuará procurando ajuda externa, o que limitará muito suas opções e seu campo de manobra. Quando chegar a hora de tomar uma decisão importante, o que inevitavelmente acontecerá, você não terá nada dentro de si com que contar.

Siga na direção contrária antes que seja tarde demais. Não se encontra essa força interior necessária em livros, gurus ou pílulas de qualquer tipo.

Ela só pode vir de você. É um tipo de exercício que se deve praticar diariamente – livrando-se das dependências, ouvindo menos a voz dos outros e mais a sua própria, desenvolvendo novas habilidades. Como aconteceu com Carter e com Fifty, você descobrirá que a autossuficiência se tornará um hábito e que qualquer coisa semelhante a depender dos outros o deixará horrorizado.

A CHAVE PARA NÃO TER MEDO

Sou dono da minha força, e assim sou quando sei que sou único.
— MAX STIRNER

Quando crianças, todos nós enfrentamos dilema semelhante. Começamos a vida como criaturas cheias de caprichos e ainda não domadas. Queríamos e exigíamos coisas, e sabíamos como obtê-las dos adultos ao nosso redor. Ao mesmo tempo, éramos completamente dependentes de nossos pais para muitas coisas importantes – conforto, proteção, amor, orientação. E assim, dentro de nós, desenvolvemos uma ambivalência: queríamos a liberdade e o poder de agir por conta própria, mas também ansiávamos pelo conforto e pela segurança que só os outros poderiam nos dar.

Na adolescência, nos rebelamos contra a parte dependente de nosso caráter. Queremos nos diferenciar de nossos pais e mostrar que somos capazes de nos virar sozinhos. Lutamos para formar nossa identidade e não simplesmente nos ajustar aos valores de nossos pais. Mas, à medida que amadurecemos, essa ambivalência da infância tende a voltar à tona. Diante de tantas dificuldades e competições do mundo adulto, parte de nós anseia por voltar àquela posição infantil de dependência. Mantemos uma aparência adulta e trabalhamos para conquistar poder, mas, no fundo, gostaríamos secretamente que nossos cônjuges, parceiros, amigos ou chefes pudessem cuidar de nós e resolver nossos problemas.

Todos os dias precisamos travar uma guerra feroz contra essa ambivalência profundamente arraigada, com uma compreensão clara do que está em jogo. Nossa tarefa como adultos é nos apropriarmos da autonomia e da individualidade com as quais nascemos. É finalmente superar a fase dependente da infância e nos mantermos por conta própria. Devemos ver o desejo de voltar àquela fase como algo regressivo e perigoso. A vontade de retornar à infância surge do medo – de assumir a responsabilidade pelos nossos sucessos e fracassos, de ter que agir e tomar as decisões difíceis. Muitas vezes, acreditamos justamente no oposto: que, se trabalharmos para os outros, formos obedientes, nos adaptarmos ou submetermos nossa personalidade ao grupo, estaremos sendo boas pessoas. Mas esse é o nosso medo falando e nos enganando. Se cedermos a ele, passaremos a vida buscando a salvação fora de nós mesmos e nunca a encontraremos. Simplesmente iremos de uma dependência a outra.

Para a maioria, o terreno decisivo nessa guerra é o mundo do trabalho. Em geral, iniciamos a vida adulta com projetos ambiciosos, mas a dureza da vida nos derrota. Então nos acomodamos em um emprego e, aos poucos, cedemos à ilusão de que nossos chefes se preocupam conosco e com nosso futuro, que dedicam tempo pensando em nosso bem-estar. Esquecemos a verdade essencial de que todos os seres humanos são governados pelo interesse próprio. Nossos chefes nos mantêm por necessidade, não por afeto. Vão se livrar de nós no instante em que essa necessidade diminuir ou quando encontrarem alguém mais jovem, que aceite ganhar menos, para nos substituir. Se sucumbimos à ilusão e ao conforto de um contracheque, não desenvolvemos habilidades de autossuficiência e simplesmente adiamos o momento em que seremos forçados a nos virar sozinhos.

Sua vida deve ser uma progressão em direção à propriedade – primeiro mentalmente, de sua independência, e, depois, fisicamente, de seu trabalho, sendo proprietário do que produz. Pense nos passos a seguir como uma espécie de plano para avançar nessa direção.

1º PASSO: Recupere o tempo perdido

Quando tinha 12 anos, Cornelius Vanderbilt (1794-1877) foi forçado a trabalhar para o pai em sua pequena empresa de navegação. Era um trabalho pesado, que ele odiava. Cornelius era um menino obstinado e ambicioso e, assim, tomou a seguinte decisão: dali a alguns anos, abriria sua própria empresa de navegação, uma simples decisão que alterou tudo. Agora seu trabalho era um aprendizado urgente. Ele tinha que ficar de olhos abertos, aprender tudo que pudesse sobre os negócios do pai, inclusive como poderia fazer as coisas de um jeito melhor. O trabalho entediante se transformou em um desafio empolgante.

Aos 16 anos, ele pediu 100 dólares emprestados à mãe. Usou o dinheiro para comprar um barco e começou a transportar passageiros entre Manhattan e Staten Island. Em um ano, conseguiu pagar o empréstimo. Aos 21, ele havia feito uma pequena fortuna e estava a caminho de se tornar o homem mais rico de sua época. A partir dessa experiência, estabeleceu o lema de sua vida: "Nunca seja subordinado, seja sempre o dono."

O tempo é um fator fundamental na vida, é nosso recurso mais precioso. O problema quando trabalhamos para outras pessoas é que grande parte dele se torna tempo morto que queremos que passe o mais rápido possível, tempo que não nos pertence. Quase todos nós precisamos começar a carreira trabalhando para outras pessoas, mas sempre teremos a capacidade de transformar esse tempo de algo morto em algo vivo. Se tivermos a mesma determinação de Vanderbilt – ser dono, e não subordinado –, esse tempo será usado para aprender o máximo possível sobre o que acontece ao nosso redor – a politicagem, os detalhes básicos de um projeto específico, o cenário mais amplo no mundo dos negócios, como podemos fazer as coisas melhor. É preciso estar atento e absorver o máximo de informações. Isso nos ajuda a suportar um trabalho que não parece muito gratificante. Dessa forma, somos donos de nosso tempo e de nossas ideias antes de sermos donos de um negócio.

Lembre-se: seus chefes preferem mantê-lo em uma posição de dependência. É do interesse deles que você não se torne independente, e, portanto, eles tendem a reter as informações. Você precisa trabalhar secretamente contra isso e obter essas informações por seus próprios meios.

2º PASSO: Crie pequenos impérios

Enquanto ainda trabalha para outras pessoas, sua meta em algum momento deve ser criar pequenas áreas em que você possa operar por conta própria, cultivando habilidades de empreendedorismo. Você pode se oferecer, por exemplo, para assumir projetos que outros deixaram inacabados ou propor a implementação de alguma ideia nova sua, mas nada muito grandioso que levante suspeitas. Assim, cultivará o gosto de fazer as coisas por conta própria – tomar decisões, aprender com os próprios erros. Se seus chefes não permitirem que você faça algo assim, você está no lugar errado. Se fracassar nessa empreitada, terá adquirido um aprendizado valioso. Mas, em geral, assumir tais empreitadas por iniciativa própria nos obriga a trabalhar mais e melhor. Você se sente mais criativo e motivado porque há mais coisas em jogo; você encara o desafio.

Tenha em mente o seguinte: o que você de fato deve valorizar na vida é a propriedade, não o dinheiro. Se tiver uma escolha – mais dinheiro ou mais responsabilidade –, opte sempre pela segunda. Um cargo com remuneração mais baixa que ofereça mais liberdade para tomar decisões e criar pequenos impérios é infinitamente preferível a um bem pago, mas que limite seus movimentos.

3º PASSO: Suba na cadeia alimentar

Em 1499, o papa Alexandre VI conseguiu criar um principado para o filho, César Bórgia, na Romagna, região da Itália. Não foi fácil. Poderes rivais de todos os tipos competiam pelo controle do país – famílias que dominavam o cenário político, reis estrangeiros que tramavam para conquistar determinadas regiões, cidades-Estados com esferas de influência, e, finalmente, a própria Igreja. Para garantir a Romagna para o filho, o papa teve que conquistar uma das duas famílias mais poderosas da Itália, fazer uma aliança com o rei Luís XII da França e contratar um exército mercenário.

César Bórgia era um jovem astuto. Sua meta era estender seus domínios além da Romagna e unificar toda a Itália, tornando-a uma grande potência. No entanto, sua posição dependia de várias forças externas que controlavam seu destino, todas extremamente importantes: o exército em dívida com as famílias poderosas e com o rei da França, e depois o próprio papa, que poderia morrer a qualquer momento e ser substituído por alguém hostil aos Bórgia. Essas alianças poderiam mudar e se voltar contra ele. Era preciso eliminar essas dependências, uma a uma, até que ele ganhasse autonomia, sem ninguém acima dele.

Por meio de subornos, ele se colocou à frente da facção familiar à qual seu pai o havia aliado e, em seguida, agiu para eliminar seu principal rival. Ele planejou se livrar das tropas mercenárias e criar um exército próprio. Tramou para fazer alianças que o protegeriam contra o rei francês, que agora o via como uma ameaça. Conquistou mais e mais regiões. Estava prestes a expandir sua base até um ponto sem retorno quando, de uma hora para outra, adoeceu gravemente em 1504. Pouco tempo depois, seu pai morreu e logo foi substituído por um papa determinado a deter César Bórgia. Quem sabe até onde ele poderia ter chegado se imprevistos não tivessem arruinado seus planos.

Bórgia foi uma espécie de empreendedor autossuficiente, um homem à frente de seu tempo. Entendeu que as pessoas são animais políticos, sempre tramando para proteger os próprios interesses. Se você estabelece parcerias com elas ou se depende delas para seu progresso ou proteção, vai ter problemas. Em dado momento, elas se voltarão contra você ou o usarão como peão para conseguir o que querem. Sua meta na vida deve ser sempre subir cada vez mais na cadeia alimentar, onde só você controla o rumo do seu projeto e não depende de ninguém. Como essa meta é um ideal, por enquanto você deve se esforçar para se manter livre de alianças e complicações desnecessárias. E se não puder evitar algumas parcerias, certifique-se de ter clareza sobre a função que elas terão para você e de saber como se livrará delas no momento certo.

Lembre que, quando as pessoas lhe dão alguma coisa ou lhe fazem algum favor, sempre têm algum interesse. Elas querem algo em troca – ajuda, lealdade inquestionável, entre outras coisas. Mantenha-se livre dessas obrigações o máximo possível; para isso, adquira o hábito de conquistar sozinho aquilo de que precisa, em vez de esperar que os outros deem a você.

4º PASSO: Faça do seu negócio um reflexo da sua individualidade

A vida inteira você vem se preparando e desenvolvendo as habilidades e a autossuficiência necessárias para criar um empreendimento próprio, ser seu próprio chefe. Mas há um último obstáculo a vencer. Você provavelmente vai cair na armadilha de analisar o que outras pessoas fizeram em sua área e como você poderia reproduzir ou imitar o sucesso delas. Você pode até conquistar algum poder com essa estratégia, mas não irá longe, e seu sucesso não durará.

Entenda: você é único. Seus traços de personalidade são uma espécie de mistura química que nunca se repetirá na história. Há ideias que são exclusivamente suas, um ritmo e uma perspectiva específicos que são seus pontos fortes, não seus pontos fracos. Não tema a sua singularidade e se preocupe cada vez menos com o que os outros pensam de você.

Esse costuma ser o caminho das pessoas mais poderosas da história. Ao longo de sua vida, o grande músico de jazz Miles Davis sofreu constante pressão para fazer com que sua música se ajustasse aos modismos da época. Mas ele continuou insistindo em colocar sua marca pessoal em tudo que tocava. À medida que envelhecia e amadurecia, essa se tornou uma prática cada vez mais frequente, até ele revolucionar o mundo do jazz com suas incríveis inovações musicais. Em determinado momento, ele simplesmente parou de ouvir outros músicos. John F. Kennedy recusou-se a fazer uma campanha semelhante à de Franklin Delano Roosevelt ou à de qualquer outro político dos Estados Unidos. Ele criou o próprio estilo inimitável, baseado na época em que viveu e em sua personalidade. Ao fazer as coisas à sua maneira, Kennedy mudou para sempre o curso das campanhas políticas.

A singularidade que você expressa não é nada extravagante nem muito irreverente. Isso é pura afetação. Raramente as pessoas são assim tão diferentes. Em vez disso, trata-se de ser você mesmo, até onde for possível. O mundo inevitavelmente vai reagir a essa autenticidade.

Mudança de perspectiva

Pode-se pensar que pessoas independentes e acostumadas a ficar sozinhas são retraídas e irritadiças. Em nossa cultura, tendemos a valorizar pessoas que falam bem, parecem ser mais gregárias e se adaptam melhor, obedecendo a determinadas normas. Elas sorriem e aparentam ser mais felizes, mas essa é uma avaliação superficial do caráter. Se invertermos nossa perspectiva e examinarmos a situação do ponto de vista do destemor, chegaremos à conclusão oposta.

Pessoas autossuficientes geralmente se sentem mais à vontade consigo mesmas. Elas não buscam nos outros o que precisam. Paradoxalmente, isso as torna mais atraentes e sedutoras. Todos nós gostaríamos de ser assim e queremos estar perto dessas pessoas, esperando que um pouco de sua independência nos influencie. Os tipos carentes e dependentes – geralmente os mais sociáveis – inconscientemente nos afastam. Sentimos sua necessidade de conforto e validação, e nossa vontade é dizer a eles: "Conquiste suas coisas você mesmo. Deixe de ser tão fraco e dependente."

Pessoas autossuficientes procuram os outros por motivos positivos – o desejo de boa companhia ou troca de ideias. Se o interlocutor não fizer o que elas querem ou esperam, elas não ficam magoadas ou decepcionadas. Sua felicidade vem de dentro e, por esse motivo, é ainda mais profunda.

Por fim, não se deixe levar pela cultura do mínimo esforço. Especialistas e livros de autoajuda tentarão convencê-lo de que você pode ter o que deseja seguindo apenas alguns passos simples. Mas o que vem fácil e rápido vai embora na mesma velocidade. A única maneira de obter autossuficiência ou outro poder é por meio de muito esforço e prática. E esse esforço não deve ser visto como algo desagradável ou enfadonho; o processo de ganhar poder sobre si mesmo é o mais satisfatório de todos, porque você se dá conta de que, passo a passo, está se distanciando das massas dependentes e superando-as.

Há um momento na educação de todo homem em que ele chega à convicção de que [...] a imitação é suicida [...] de que, embora o vasto universo esteja repleto de bondade, nem um único grão de trigo chegará até ele a não ser por meio de seu esforço dedicado ao terreno cujo cultivo lhe foi confiado. O poder que reside nele é inédito na natureza, e ninguém além de si mesmo sabe do que ele é capaz de fazer, nem mesmo ele sabe antes de experimentar.

— RALPH WALDO EMERSON

3

Faça do limão uma limonada – Oportunismo

Toda situação negativa carrega a possibilidade de algo positivo, uma oportunidade. O que importa é como você encara a situação. Sua falta de recursos pode ser uma vantagem, forçando-o a ser mais criativo com o pouco que tem. Perder uma batalha pode fazer parecer que você está em desvantagem. Não permita que o medo o leve a esperar por um momento mais adequado ou o torne mais conservador. Se houver circunstâncias fora do seu controle, aproveite-as ao máximo. Não há alquimia maior do que transformar todos esses aspectos negativos em vantagens e poder.

A ALQUIMIA DAS RUAS

Quem sobrevive dia após dia ao pior que a vida oferece deixa de ser controlado pelo medo do que a vida pode lhe apresentar.
— JAMES BALDWIN

Durante muito mais de um ano, 50 Cent trabalhou no que deveria ser seu primeiro álbum, *Power of the Dollar*, e finalmente, na primavera de 2000, o trabalho estava pronto para ser lançado pela Columbia Records. Para ele, o álbum ilustrava todas as adversidades que havia enfrentado nas ruas, e ele tinha esperanças de que essa nova empreitada desse um novo rumo à sua vida. Mas foi em maio daquele ano, algumas semanas antes do lançamento, que o matador de aluguel disparou contra ele quando se encontrava no banco traseiro de um carro, e uma das nove balas que o atingiram atravessou sua mandíbula e quase o matou.

Em um piscar de olhos, todo o *momentum* que Fifty havia criado se desfez. A Columbia cancelou o lançamento do disco e seu contrato. Havia muita violência associada a ele; seria ruim para os negócios. Algumas sondagens deixaram claro que outras gravadoras pensavam da mesma forma – ele estava sendo excluído do mercado. Um executivo chegou a lhe dizer categoricamente que ele teria que esperar pelo menos dois anos antes de pensar em retomar a carreira.

A tentativa de assassinato foi resultado de uma antiga rixa de seus tempos de traficante; os assassinos não podiam se dar ao luxo de deixá-lo vivo e tentariam terminar o serviço. Fifty não deveria atrair atenção. Ao mesmo tempo, não tinha dinheiro e não podia voltar a negociar nas ruas. Até mesmo muitos de seus amigos, que antes esperavam aproveitar os louros de seu sucesso como rapper, começaram a evitá-lo.

Em poucas semanas, ele fora dos portões da fama e da fortuna para o fundo do poço. E parecia não haver saída para a sua situação. Seria o fim de todos os seus esforços? Teria sido melhor morrer naquele dia do que sentir essa impotência. Mas, acamado na casa dos avós, recuperando-se dos ferimentos, ele ouvia muito rádio, e o que ouvia lhe deu uma incrível onda de otimismo: começou a tomar forma em sua mente a ideia de que a tentativa de assassinato fora, na verdade, uma grande bênção disfarçada, e que havia um motivo para ele ter escapado por um triz da morte.

A música no rádio era toda empacotada e produzida. Até as coisas mais pesadas, como o *gangsta rap*, soavam falsas. As letras não refletiam nada das ruas que ele conhecia. A tentativa de fazer com que parecessem verdadeiras e urbanas o irritava profundamente. Não era hora de ficar com medo e deprimido, ou de sentar e esperar anos até que a violência ao seu redor diminuísse. Fifty nunca tinha sido um gângster de estúdio, e agora tinha nove ferimentos à bala para provar isso. Chegara a hora de transformar toda a sua raiva e as emoções sombrias que o dominavam em uma campanha poderosa que faria as bases do hip-hop estremecerem.

Traficando nas ruas, Fifty havia aprendido uma lição fundamental: o acesso ao dinheiro e a recursos é extremamente limitado nas ruas. Um traficante precisa transformar cada pequeno fato e cada objeto insignificante em um truque para ganhar dinheiro. Até o limão mais azedo pode render uma boa limonada se você for esperto. Todos os obstáculos que Fifty enfrentava no momento – falta de dinheiro e de contatos, sua cabeça a prêmio – poderiam ser transformados no oposto: vantagens e oportunidades. Era assim que ele enfrentaria os obstáculos aparentemente intransponíveis que se apresentavam em seu caminho.

Ele decidiu desaparecer por alguns meses, escondendo-se na casa de amigos; começou a recriar a si mesmo e a sua carreira musical. Como não tinha mais executivos para agradar ou com que se preocupar, podia fazer o que bem entendesse com suas letras e sua batida. Os fragmentos de bala que se alojaram em sua língua haviam modificado sua voz – ele agora sibilava um pouco. Ainda sentia dor ao movimentar a boca, por isso seu rap tinha que ser mais lento. Em vez de tentar normalizar e reeducar sua voz, ele decidiu transformá-la em uma virtude. Seu novo estilo de rap seria mais intencional e ameaçador; aquele sibilo lembraria aos ouvintes a bala que atravessou sua mandíbula. Ele usaria tudo aquilo.

No verão de 2001, quando as pessoas estavam começando a esquecer quem ele era, Fifty lançou sua primeira música. Chamava-se "Fuck You", o título e a letra resumindo o que ele sentia em relação aos responsáveis pela tentativa de assassinato e a todos que queriam que ele sumisse. Lançar a música já era mensagem suficiente – ele estava desafiando aberta e publicamente os bandidos que o atacaram. Fifty estava de volta e, para calá-lo, eles teriam que terminar o trabalho. A raiva palpável em sua voz e o som pesado da música causaram alvoroço nas ruas. E mais: como ele parecia estar incitando ainda mais violência, o público tinha que consumir o que ele produzia antes que fosse morto. Essa perspectiva de vida e morte criou um espetáculo comovente.

As canções começaram a transbordar dele. Fifty se alimentava de todo o ódio que sentia e das dúvidas que as pessoas tiveram a seu respeito. Um senso de urgência também o consumia – essa era sua última chance e, por isso, trabalhava dia e noite. Suas *mixtapes* começaram a chegar às ruas em um ritmo vertiginoso.

Fifty não demorou para perceber a maior vantagem que possuía nessa campanha: a certeza de que já havia chegado ao fundo do poço e não tinha mais nada a perder. Ele podia atacar o setor fonográfico e zombar de sua caretice. Podia piratear as músicas mais populares do rádio e colocar suas próprias letras para criar paródias incríveis. Ele não ligava para as consequências. E, quanto mais levava isso adiante, mais o público reagia, fascinado pelo aspecto transgressor do que ele fazia. Era como uma cruzada contra o lixo artificial que dominava as rádios; ouvir a música de Fifty era como participar de uma causa.

Ele foi em frente, transformando o negativo em positivo. Para compensar a falta de dinheiro para distribuir suas *mixtapes*, decidiu incentivar a pirataria, espalhando sua música como um vírus. Ainda jurado de morte, não podia fazer shows nem qualquer tipo de promoção pública, mas até isso ele conseguiu transformar em instrumento de marketing. Ouvir sua música em todos os lugares, mas não poder vê-lo, só aumentava a mística em torno dele e a atenção que as pessoas lhe davam. Os boatos e o boca a boca contribuíram para criar uma espécie de mitologia ao redor de Fifty, que se tornou ainda mais ausente para alimentar o burburinho.

Tudo estava acontecendo em um ritmo alucinante – em Nova York, ouvia-se sua música tocando em cada esquina. Como se sabe, não demorou para que uma de suas *mixtapes* chegasse aos ouvidos de Eminem, que concluiu que aquele era o futuro do hip-hop e rapidamente, no início de 2003, o contratou para a Shady Aftermaths, selo que dividia com Dr. Dre, consumando assim uma das mais rápidas e notáveis viradas da sorte dos tempos modernos.

A ABORDAGEM DESTEMIDA

Todo aspecto negativo é também positivo. De alguma forma eu transformo em coisas boas as coisas ruins que acontecem comigo. Isso significa que ninguém consegue fazer nada que me prejudique.

— 50 CENT

Os fatos da vida não são negativos nem positivos. São absolutamente neutros. O universo não se importa com seu destino; é indiferente à violência que pode atingi-lo ou à própria morte. As coisas simplesmente acontecem com você, e ponto-final. É a sua mente que escolhe interpretá-las como negativas ou positivas. E como você abriga camadas de medo bem lá no fundo, sua tendência natural é interpretar os obstáculos temporários em seu caminho como algo pior – crises e contratempos.

Nesse estado de espírito, você exagera os perigos. Se alguém o agride e o prejudica de alguma forma, você se concentra no dinheiro ou na posição que perdeu na batalha, na publicidade negativa ou nas emoções fortes que vieram à tona. Isso o leva a agir de forma cautelosa, a recuar na esperança de se poupar de mais coisas negativas. Diz a si mesmo que é hora de ficar quieto e esperar as coisas melhorarem; você precisa de calma e segurança.

O que você não percebe é que inadvertidamente está piorando a situação. Seu adversário só fica mais forte quando você está de braços cruzados. Você não pode se deixar dominar por visões negativas. Ser conservador se torna um hábito que proporciona momentos menos dolorosos, mas você tem cada vez mais dificuldade de partir para a ofensiva. Em suma: decide interpretar as inevitáveis viradas da sorte na vida como adversidades, atribuindo-lhes um peso e uma força que não merecem.

O que você precisa fazer, como Fifty descobriu e comentei antes por alto, é adotar a abordagem oposta. Em vez de ficar desanimado e deprimido diante de qualquer contratempo, encare-o como um alerta, um desafio que você transformará em uma oportunidade de conquistar poder. Seus níveis de energia aumentarão. Você partirá para o ataque, surpreendendo seus inimigos com ousadia. O que os outros pensam de você terá menos importância, e, paradoxalmente, isso fará com que eles o admirem – não haverá repercussão negativa. Você não vai esperar que as coisas melhorem; vai aproveitar a chance de provar seu valor. Encarar mentalmente um fato negativo como uma bênção disfarçada facilitará o seu progresso. É uma espécie de alquimia mental, que faz do limão uma limonada.

Entenda: vivemos em uma sociedade relativamente próspera, mas, de inúmeras maneiras, isso acaba sendo prejudicial ao nosso espírito. Acabamos acreditando que merecemos coisas boas, que temos direito a certos privilégios. Quando os contratempos surgem, são quase uma afronta ou punição pessoal. "Como isso foi acontecer comigo?", nos perguntamos. Culpamos os outros ou a nós mesmos. Em ambos os casos, perdemos um tempo valioso e apelamos à emoção sem necessidade.

Em bairros da periferia ou em qualquer área carente, a reação às adversidades é muito diferente. Lá, é normal que aconteçam coisas ruins. Elas fazem parte do dia a dia. O traficante pensa: "Preciso aproveitar ao máximo o que tenho, mesmo as coisas ruins, porque as coisas não vão melhorar por si só. É tolice esperar; amanhã pode ser ainda pior." Se Fifty tivesse esperado, como o aconselharam, seria apenas mais um rapper que teve um momento de sucesso e logo saiu de cena. A rua o teria destruído.

A mentalidade do traficante é mais realista e eficaz. A verdade é que a vida é, por natureza, cruel e competitiva. Independentemente de quanto dinheiro ou recursos você tenha, alguém vai tentar tirá-los de você, ou mudanças inesperadas no mundo o forçarão a recuar. Não se trata de circunstâncias adversas, mas simplesmente a vida como ela é. Você não tem tempo a perder com medo e depressão, e não pode se dar ao luxo de esperar.

As pessoas mais poderosas da história demonstram, de uma forma ou de outra, essa atitude destemida diante das adversidades. Veja o caso de George Washington. Ele era um rico proprietário de terras, mas sua atitude em relação à vida fora forjada pelos anos em que lutou pelos britânicos na Guerra Franco-Indígena (1754-63), no hostil ambiente da fronteira americana. Em 1776, ele foi nomeado comandante-chefe do Exército Revolucionário Americano. À primeira vista, o cargo parecia mais uma maldição. Esse exército era uma multidão semiorganizada, que não passara por nenhum treinamento, era mal remunerado e mal equipado, estava com o moral baixo. A maioria dos soldados não acreditava poder derrotar os todo-poderosos britânicos.

Durante todo o ano de 1777, as forças inglesas pressionaram o fraco exército americano de um lado para outro, de Boston a Nova York, e, ao final daquele ano, George Washington foi forçado a recuar para Nova Jersey. Foi o momento mais sombrio de sua carreira e da guerra pela independência. Seu exército havia sido reduzido a poucos milhares de homens; eles tinham pouca comida e roupas inadequadas para um dos invernos mais rigorosos da história. Temendo um desastre iminente, o Congresso Continental fugiu da Filadélfia para Baltimore.

Ao avaliar essa situação, um líder cauteloso teria optado por aguardar o fim do inverno, recrutar mais soldados e torcer para a maré virar a seu favor. Mas George Washington pensava diferente. Em sua opinião, os britânicos consideravam o exército americano muito fraco para representar uma ameaça. Por serem pequenas, as forças podiam se movimentar sem o conhecimento do inimigo e lançar um ataque que seria ainda mais surpreendente por vir do nada. Partir para a ofensiva empolgaria as tropas e mudaria o jogo. Assim, o comandante supremo decidiu liderar um ataque a uma guarnição inimiga em Trenton, o que veio a ser um grande sucesso. Em seguida, realizou um ataque aos suprimentos britânicos em Princeton. Essas vitórias ousadas cativaram o público americano. Washington recuperou sua confiança como líder e o exército americano passou a ser visto como uma força legítima.

A partir daí, Washington travou uma guerra no estilo de guerrilha, exaurindo os britânicos com as grandes distâncias que tinham que percorrer. Então tudo mudou – a falta de recursos e de experiência levou a uma maneira mais criativa de lutar. O tamanho reduzido das tropas de Washington permitiu que ele atormentasse o inimigo com manobras fluidas em terrenos acidentados. Em momento algum ele decidiu esperar até ter mais soldados, mais dinheiro ou melhores circunstâncias. Simplesmente partiu para a ofensiva com o que tinha. Foi uma campanha de supremo destemor, na qual todos os aspectos negativos foram transformados em vantagens.

Esta é uma ocorrência comum na história: quase todos os grandes triunfos militares e políticos são precedidos por uma crise. Isso ocorre porque uma vitória substancial só pode vir de um instante de perigo e ataque. Sem esses momentos, os líderes nunca se sentem desafiados, nunca têm a chance de mostrar seu valor. Se o caminho for fácil demais, eles se tornam arrogantes e cometem um erro fatal. Os destemidos precisam de algum tipo de adversidade que os encoraje a reavaliar suas ações. A tensão desses momentos sombrios traz à tona sua criatividade e seu senso de urgência, fazendo com que se coloquem à altura da ocasião e transformando a maré da derrota em grande vitória.

Você deve adotar a atitude oposta à maneira como a maioria das pessoas pensa e age. É justamente quando tudo está indo muito bem que você deve ficar preocupado e vigilante. Você sabe que isso não vai durar, e você não quer ser pego desprevenido. E é quando as coisas estão indo mal que você se sente mais estimulado e destemido. Finalmente você tem o material para uma mudança drástica, uma chance de dizer ao que veio. É do perigo e da dificuldade que vem a superação. Ao aceitar a fase ruim como algo positivo e necessário, você já transformou o limão em limonada.

A CHAVE PARA NÃO TER MEDO

Em todos os cantos da Terra há homens que esperam, sem saber o que esperam, menos ainda que esperam em vão. Ocasionalmente, o despertar – o acidente que dá "permissão" para que ajam – chega tarde demais, quando o melhor da juventude e das forças para atacar já se esgotaram na inércia; e, para seu horror, muitos descobrem, ao "se colocar de pé", que suas pernas estão adormecidas e seu espírito se tornou demasiadamente pesado. "É tarde demais", dizem a si mesmos, tendo perdido a fé em si e doravante eternamente inúteis.

— FRIEDRICH NIETZSCHE

A mente humana tem poderes que ainda nem começamos a explorar. Eles vêm da combinação de concentração aguçada, energia e engenhosidade diante de obstáculos. Todos temos a capacidade de desenvolver esses poderes, mas primeiro precisamos estar cientes de sua existência. No entanto, isso é difícil em uma cultura que enfatiza os recursos materiais – tecnologia, dinheiro, contatos – como a resposta para tudo. Impomos limites desnecessários ao que a mente pode realizar, e essa se torna nossa realidade. Analise nosso conceito de oportunidade e verá isso da forma mais clara possível.

Diz a sabedoria convencional que uma oportunidade é algo que existe no mundo; se surgir em nosso caminho e a agarrarmos, nos trará dinheiro e poder. Pode ser um trabalho específico, o modelo perfeito para nós; pode ser a chance de montar um negócio ou participar de um novo empreendimento. Pode ser o encontro com a pessoa certa. Em todo caso, depende de estarmos no lugar certo, na hora certa e de termos as habilidades adequadas para aproveitar o momento propício. Em geral, acreditamos que a vida nos oferece poucas oportunidades de ouro, e a maioria de nós vive esperando que elas cruzem nosso caminho.

O escopo desse conceito é extremamente limitado. Ele nos torna dependentes de forças externas. Deriva de uma atitude passiva e temerosa em relação à vida, uma atitude que é contraproducente. Restringe nosso pensamento a um pequeno círculo de possibilidades. A verdade é que, para a mente humana, tudo que cruza seu caminho pode ser uma ferramenta de poder e expansão.

Muitos de nós já passamos pela seguinte experiência: estamos em uma situação difícil e urgente. Talvez precisemos executar algo depressa, ou a pessoa com cuja ajuda contávamos falhou, ou estamos em um país estrangeiro e, de uma hora para a outra, precisamos nos virar sozinhos. Nessas situações, a necessidade nos oprime. Temos que realizar o trabalho e resolver os problemas rapidamente ou sofreremos consequências imediatas. O que costuma acontecer é nossa mente despertar. Encontramos a energia necessária porque precisamos dela. Prestamos atenção aos detalhes que normalmente nos escapam, porque eles podem representar a diferença entre o sucesso e o fracasso, a vida e a morte. Ficamos surpresos com nossa própria criatividade. Nesses momentos, vislumbramos o potencial do nosso poder mental, em geral inexplorado. Se ao menos pudéssemos ter esse espírito e essa atitude na vida cotidiana!

Essa atitude é o que chamaremos de "senso de oportunidade". Aqueles que sabem aproveitá-lo não precisam de circunstâncias urgentes e estressantes para ficarem alertas e se tornarem criativos. Eles operam assim diariamente. Canalizam sua energia agressiva para a busca de possibilidades de expansão nos eventos mais triviais e insignificantes. Tudo é um instrumento em suas mãos e, com essa noção ampliada de oportunidade, eles a criam em maior número em sua vida e ganham um enorme poder.

Talvez o maior oportunista da história tenha sido Napoleão Bonaparte. Nada escapava à sua atenção. Napoleão se concentrava com intensidade suprema em todos os detalhes, encontrando maneiras de transformar até os aspectos mais triviais da guerra – como avançar e transportar suprimentos, organizar as tropas em divisões – em instrumentos de poder. Ele explorava impiedosamente o menor erro de seus adversários. Era mestre em transformar os piores momentos da batalha em material para um contra-ataque devastador.

Isso foi resultado da determinação de Napoleão de ver tudo ao seu redor como uma oportunidade. Procurando oportunidades, ele as encontrou. Isso se tornou uma habilidade mental que ele aperfeiçoou, transformando-a em arte. Esse poder estará ao alcance de cada um de nós se colocarmos em prática os quatro princípios a seguir.

Explore ao máximo o que você tem

Em 1704, um marinheiro escocês chamado Alexander Selkirk se viu abandonado em uma ilha deserta a cerca de 650 quilômetros da costa do Chile. Tudo o que carregava consigo era um rifle, um pouco de pólvora, uma faca e algumas ferramentas de carpintaria. Ao explorar o interior da ilha, viu apenas um punhado de cabras, gatos, ratos e alguns animais desconhecidos que faziam estranhos ruídos à noite. Não havia lugar onde pudesse se refugiar. Ele decidiu ficar na praia, dormir em uma caverna e comer os peixes que pescava; aos poucos, uma profunda depressão tomou conta dele. Ele sabia que a pólvora ia acabar, sua faca enferrujaria e suas roupas apodreceriam sobre a pele. Ele não conseguiria subsistir comendo apenas peixe. Não tinha suprimentos suficientes para sobreviver e a solidão era insuportável. Se ao menos ele tivesse trazido mais materiais do navio...

Então, de repente, a praia foi invadida por leões-marinhos; era a época de seu acasalamento. Selkirk foi forçado a ir para o interior da ilha. Lá, ele não podia simplesmente arpoar peixes e ficar sentado em uma caverna, pensando. Logo descobriu que aquela floresta densa continha tudo de que ele precisava. Construiu uma série de cabanas com a mata nativa. Cultivou árvores frutíferas. Aprendeu a caçar cabras. Domesticou dezenas de gatos selvagens – eles o protegiam dos ratos e lhe proporcionavam a companhia de que tanto precisava. Desmontou seu rifle, agora inútil, e das peças fez ferramentas. Lembrando-se do que aprendera com o pai, que era sapateiro, usou peles de animais para confeccionar as próprias roupas. Era como se de repente tivesse voltado à vida, e sua depressão se dissipou. Ele acabou sendo resgatado da ilha, mas a experiência mudou por completo sua forma de pensar. Anos mais tarde, ele recordaria o tempo que passou na ilha como a época mais feliz de sua vida.

A maioria de nós é como Selkirk quando se viu sozinho na ilha deserta – olhamos nossos recursos materiais e desejamos mais. No entanto, uma possibilidade diferente existe também para nós, a compreensão de que mais recursos não virão necessariamente de fora e que devemos aproveitar melhor os que já temos à mão. O que temos à nossa disposição pode ser material de pesquisa para um determinado livro ou pessoas que trabalham em nossa organização. Buscar mais – informações, pessoas de fora para nos ajudar – não levará necessariamente a algo melhor; na verdade, a espera e a dependência nos tornam menos criativos. Quando pomos as mãos à obra com os recursos existentes, encontramos novas maneiras de usá-los. Solucionamos problemas, desenvolvemos habilidades que podemos usar várias vezes e aumentamos nossa confiança. Se enriquecemos e nos tornamos dependentes de dinheiro e tecnologia, nossa mente se atrofia, e a riqueza que conquistamos não durará.

Transforme todos os obstáculos em oportunidades

O grande pugilista Joe Louis encontrou um imenso obstáculo no racismo da década de 1930. Jack Johnson o havia precedido como o boxeador negro mais famoso da época. Johnson era extremamente habilidoso e derrotava com facilidade seus adversários brancos, mas, ao ouvir multidões hostis gritarem "Kill the nigger" (Acabe com esse negro!), ficava muito irritado e furioso. Vivia se metendo em confusão, e todo seu ódio consumia sua energia.

Louis era igualmente talentoso, mas partia do pressuposto que não podia se vangloriar ou demonstrar emoção no ringue – isso incitaria o público branco e alimentaria o estereótipo do boxeador negro descontrolado. No entanto, um lutador se beneficia de suas emoções, de seu espírito de luta, e os usa para dominar seu adversário. Em vez de se rebelar contra essa situação ou desistir, Louis decidiu usar aquilo a seu favor. Não demonstraria qualquer emoção no ringue. Depois de nocautear alguém, voltava calmamente para seu canto. Os adversários e o público tentavam induzi-lo a uma reação emocional, mas ele resistia. Toda a sua energia e raiva eram destinados a forjar essa máscara fria e intimidadora. Os racistas não podiam zombar disso. Ele ficou conhecido como o "Embalmer" (embalsamador), e bastava ver sua expressão sombria ao entrar no ringue para sentir as pernas tremerem. Em suma, Louis transformou o obstáculo em sua força principal.

Um oportunista vê cada obstáculo na vida como um instrumento de poder. O motivo é simples: a energia negativa que você recebe pode de alguma forma ser revertida – para derrotar um adversário e elevar você. Na ausência dessa energia, não existe nada. Quando não existe essa energia, não há nada contra o que reagir; é mais difícil se motivar. Os inimigos que o atingem se expõem a um contra-ataque no qual você controla o momento e a dinâmica. Se suas ações ou opiniões são alvo de críticas, veja isso como uma forma de atenção negativa que pode ser reformulada para seus objetivos. Você pode parecer arrependido ou rebelde, qualquer coisa que vá estimular sua base. Ignorar a situação pode fazê-lo parecer culpado. Negar pode fazê-lo parecer reativo, na defensiva. Aceitar e canalizar o problema a seu favor transforma isso em uma oportunidade de obter atenção positiva. Em geral, os obstáculos forçam sua mente a se concentrar e encontrar maneiras de contorná-los. Eles intensificam seus poderes mentais e devem ser bem-vindos.

Busque os pontos de virada

Existem oportunidades em qualquer área onde haja tensão – competição acirrada, ansiedade, situações caóticas. Se você for capaz de identificar a causa subjacente de um evento importante, poderá criar para si mesmo uma oportunidade magnífica.

Procure no mundo dos negócios repentinos sucessos ou fracassos que as pessoas tenham dificuldade de explicar. Geralmente, são indicações de mudanças que ocorrem sob a superfície; talvez alguém tenha inadvertidamente descoberto um novo modelo de fazer as coisas e você deva analisá-lo. Examine as maiores ansiedades daqueles que estão dentro de qualquer negócio ou indústria. Mudanças profundas em andamento costumam se manifestar como medo naqueles que não sabem como lidar com elas. Você pode ser o primeiro a explorar tais mudanças para fins positivos.

Esteja atento a qualquer tipo de mudança de gostos ou valores. As pessoas da mídia ou o *establishment* geralmente se opõem a elas, encarando-as como sinais de decadência moral e caos. As pessoas têm medo do novo. Você pode transformar isso em uma oportunidade ao ser o primeiro a dar algum sentido a essa aparente desordem, firmando-a como um valor positivo. Você não está atrás de modismos, e sim de mudanças profundamente enraizadas no gosto das pessoas. Uma oportunidade com a qual sempre pode contar é que uma geração mais jovem reagirá contra as vacas sagradas das gerações anteriores. Se o pessoal da velha guarda valorizava a espontaneidade e o prazer, pode ter certeza de que os mais jovens desejarão ordem e ortodoxia. Ao atacar os valores da geração mais velha antes de todos, você pode conquistar uma atenção poderosa.

Entre em ação antes de estar pronto

Muitas pessoas esperam tempo demais para agir, em geral por medo. Querem mais dinheiro ou melhores circunstâncias. É preciso ir na direção oposta e agir antes de achar que se sente pronto. Talvez pareça que você está dificultando um pouco as coisas para si mesmo, colocando deliberadamente obstáculos em seu caminho, mas esta é uma lei do poder: sua energia sempre se ajustará ao nível adequado. Quando sente que precisa se esforçar mais para atingir seu objetivo porque não está totalmente preparado, você se torna mais alerta e criativo. Esse projeto *tem* que dar certo, então dará.

Os poderosos, dos tempos antigos até a época atual, sempre agiram assim. Júlio César estava à beira do rio Rubicão, que separava a Gália da Itália, com as tropas bastante reduzidas, quando se viu diante da decisão mais importante de sua vida: avançar contra Pompeu e dar início a uma guerra civil ou esperar um momento melhor. Indo contra as opiniões de seus tenentes, ele julgou que aquele era o momento certo. Compensaria o pequeno contingente de suas tropas com um moral elevado e inteligência estratégica. Assim, cruzou o Rubicão, surpreendeu o inimigo e nunca mais olhou para trás.

Quando Barack Obama pensou em concorrer à presidência em 2006, quase todos o aconselharam a esperar sua vez. Ele era muito jovem, e ainda desconhecido. Hillary Clinton estava com tudo. Mas Obama dispensou toda a sabedoria convencional de seus conselheiros e entrou na disputa presidencial. Como tudo e todos estavam contra ele, teve que compensar com energia, uma estratégia superior e organização. Ele se mostrou à altura com uma campanha magistral que transformou todos os seus aspectos negativos em virtudes – sua inexperiência representava mudança, e assim por diante.

Lembre-se: como disse Napoleão, o moral está para o físico como três está para um, o que significa que os níveis de motivação e energia que você ou seu exército investem em um confronto têm três vezes mais peso do que seus recursos físicos. Com energia e moral elevados, um ser humano pode superar quase qualquer obstáculo e criar oportunidades do nada.

Mudança de perspectiva

Em sua acepção moderna, "oportunista" é um termo depreciativo que se refere a pessoas dispostas a fazer qualquer coisa para tirar proveito de uma situação. Elas não conhecem outro valor senão a satisfação das próprias necessidades. Não contribuem em nada para a sociedade. Mas essa interpretação do fenômeno está equivocada e deriva de um elitismo antigo que deseja que as oportunidades continuem sendo privilégios de poucos. Os que estão na base da pirâmide e ousam se promover de alguma forma são vistos como maquiavélicos, enquanto os que já estão no topo e praticam as mesmas estratégias são apenas inteligentes e engenhosos. Esses julgamentos são um reflexo do medo.

O oportunismo é, na verdade, uma grande arte que foi estudada e praticada por muitas culturas antigas. Odisseu, o maior herói da Grécia Antiga, foi o maior dos oportunistas. Em todos os momentos perigosos de sua vida, ele explorava alguma fraqueza exposta pelos seus inimigos para enganá-los e virar o jogo. Os gregos o veneravam como alguém que havia dominado as circunstâncias mutáveis da vida. Em seu sistema de valores, pessoas rígidas e dominadas por suas ideologias, que não conseguem se adaptar, que perdem todas as oportunidades, são as que merecem nosso desprezo. Elas inibem o progresso.

O oportunismo traz consigo um sistema de crenças eminentemente positivo e poderoso, conhecido pelos filósofos estoicos da Roma Antiga como *amor fati*, ou amor ao destino. Nessa filosofia, todo evento é considerado predestinado. Quando você reclama e se insurge contra as circunstâncias, rompe sua harmonia com o estado natural das coisas; você quer que tudo mude. O que você precisa fazer em vez disso é aceitar o fato de que tudo tem uma razão de ser, e que está dentro da sua capacidade enxergar essa razão como algo positivo. Marco Aurélio comparou essa percepção a um fogo que consome tudo em seu caminho – todas as circunstâncias são consumidas em seu fogo mental e transformadas em oportunidades. Nada nem ninguém pode ferir quem acredita nisso.

É inegável que os príncipes se tornam grandes quando superam as dificuldades e os obstáculos de seu caminho. Quando a sorte quer promover um novo príncipe [...] ela cria inimigos para ele, fazendo com que lancem campanhas contra ele, de modo que seja obrigado a superá-los e subir mais alto na escada que lhe trouxeram. Por essa razão, muitos pensam que um príncipe sábio deve atiçar habilmente uma inimizade sempre que surgir a oportunidade, para que, ao esmagá-la, ele aumente sua reputação.

— MAQUIAVEL

4

Siga em frente – *Momentum* calculado

No presente há mudanças constantes e muitas coisas que fogem ao nosso controle. Se tentar microgerenciar tudo, você acaba perdendo mais controle ainda a longo prazo. O jeito é abrir mão e seguir com o caos que se apresenta a você – dentro dele, você encontrará infinitas oportunidades que escapam à maioria das pessoas. Não dê a outros a chance de paralisá-lo; siga em frente, ajustando sua reação ao meio. Quando der de cara com muros ou limites, contorne-os. Não deixe nada atrapalhar seu fluxo.

O FLUXO DO TRAFICANTE

Os velhos músicos ficam parados onde estão e se tornam semelhantes a peças de museu em redomas de vidro, seguros, fáceis de entender, tocando repetidamente a mesma porcaria antiga... o bebop representava mudança, evolução. Não tinha nada a ver com ficar parado e conquistar segurança. Se alguém quer continuar criando, tem que incorporar a mudança.

— MILES DAVIS

Quando começou a trabalhar como traficante, no fim dos anos 1980, Curtis Jackson ingressou em um mundo caótico. O crack chegara às ruas, virando tudo de cabeça para baixo. Agora o traficante de rua estava à solta. Seguindo para onde houvesse a possibilidade de ganhar dinheiro, esse novo tipo de traficante tinha que enfrentar centenas de rivais e suas redes de intrigas, usuários imprevisíveis, os líderes de gangues à moda antiga que tentavam a todo custo retomar os negócios e a polícia que dominava a área. Parecia o Velho Oeste – cada um por si, criando as próprias regras.

Alguns não aguentavam esse cenário. Queriam estrutura, alguém que lhes dissesse a que horas levantar e ir trabalhar. Não duravam muito nessa nova ordem. Outros prosperavam em meio a essa anarquia e liberdade. Curtis era um desses.

Até que um dia tudo mudou. Um gângster das antigas, cujo apelido era "the Godfather" (o Poderoso Chefão), fez uma jogada para tomar o controle das drogas no Southside Queens e conseguiu. Colocou o filho, Jermaine, na área de Curtis, e o herdeiro logo estabeleceu sua lei: a família estava lá para colocar ordem nos negócios. Jermaine venderia cápsulas roxas por um preço baixo. Seria um produto único – suas cápsulas ou nada. Ninguém competiria com seus preços, e qualquer um que tentasse desafiá-lo se submeteria à força. Agora todos trabalhavam para Jermaine.

Curtis teve dificuldade de aceitar aquilo. Não gostava de nenhum tipo de autoridade. Então tentou contornar o pulso firme de Jermaine na área, vendendo sua própria mercadoria às escondidas, mas o filho do Poderoso Chefão e seus capangas sempre o pegavam. Acabaram dando uma baita surra nele, e Curtis achou que seria sensato se render – pelo menos temporariamente.

Jermaine gostou do espírito independente de Curtis e decidiu colocá-lo sob suas asas, instruindo-o sobre suas atividades e intenções. Ele cumprira pena na prisão e estudara Administração e Economia lá. E ia tocar o tráfico de crack seguindo um modelo inspirado em algumas das empresas mais bem-sucedidas dos Estados Unidos. Seu objetivo era controlar o tráfico local com preços baixos e monopólio absoluto – foi assim que todas as empresas de sucesso evoluíram, mesmo as maiores, como a Microsoft. Ele odiava a desordem das ruas, era ruim para os negócios e o deixava inquieto.

Um dia, ele passou com sua Ferrari vermelha e convidou Curtis para dar uma volta. Foi até Baisley Projects, área controlada pelos Pharaohs, uma gangue que investia pesado no comércio do crack, famosa por seus métodos violentos. Curtis, cada vez mais incomodado, observou Jermaine explicar aos líderes daquele grupo seus planos para o bairro. Não permitiria que gangues ou autônomos operassem às margens de seu império; os Pharaohs também teriam que entrar na linha, mas ele encontraria uma forma de tornar o negócio lucrativo para eles.

A arrogância do homem aumentava a cada dia. Talvez após aquela visita ele cometesse algum ato violento para mostrar aos Pharaohs que estava falando sério, mas Curtis não gostara nada do clima daquela tarde. Nos dias que se seguiram, ele fez o possível para evitar Jermaine. E, de fato, uma semana depois, Jermaine foi morto com um tiro na cabeça em um dos becos do bairro. Todo mundo sabia quem tinha feito aquilo e por quê.

Nos meses seguintes, Curtis refletiu muito sobre o que havia acontecido. Ele se identificara com Jermaine em certa medida. Também tinha grandes ambições e desejava construir uma espécie de império no bairro. Mas, com tanta competição nas ruas, essa não seria uma tarefa nem um pouco fácil. Era natural que alguém como Jermaine tivesse concluído que o único jeito de criar esse império fosse à força e pelo monopólio. Mas seu esforço foi em vão. Mesmo se Jermaine tivesse vivido um pouco mais, havia pessoas demais operando nas margens que se ressentiam de sua tomada de poder e teriam feito todo o possível para sabotá-lo. Os usuários teriam se cansado de seu produto único; eles gostavam de variedade, mesmo que fosse apenas na cor das cápsulas. A polícia teria notado a operação em larga escala e tentaria encerrá-la. Jermaine estivera vivendo no passado, seguindo ideias cultivadas na cadeia nos anos 1970, a grande era dos barões das drogas. O tempo não havia passado para ele, e por isso, na dinâmica implacável das ruas, acabou pagando por essas visões obsoletas com a própria vida.

O que era necessário no momento era um novo conjunto de habilidades, uma mentalidade diferente para lidar com o caos. E Curtis seria aquele que desenvolveria ao máximo essas habilidades. Para tanto, abriu mão de qualquer desejo de dominar uma área com uma operação em grande escala. Em vez disso, começou uma experiência com quatro ou cinco traficantes ao mesmo tempo; uma das abordagens inevitavelmente acabaria dando certo e pagando por todas as outras. Ele tomou o cuidado de deixar sempre opções em aberto, de ter margem de manobra caso a polícia entrasse em cena e eliminasse uma de suas vias de acesso. Interagia com os usuários, atento a mudanças em seus gostos e maneiras de atraí-los com algum novo esquema de marketing. Curtis dava autonomia a quem trabalhava para ele, desde que produzissem resultados – queria o mínimo de atrito possível. Jamais se prendia por muito tempo a um empreendimento, um parceiro ou um jeito de fazer as coisas. Estava sempre em movimento.

O caos das ruas fazia parte do seu fluxo, e foi em meio a essa desordem que ele aprendera a explorá-la. Operando dessa forma, Curtis foi aos poucos construindo o tipo de império que poderia superar até mesmo o que Jermaine tentara erguer.

Em 2003, Curtis, então conhecido como 50 Cent, se viu lançado no mundo corporativo americano, trabalhando na Interscope Records e lidando com o número crescente de empresas interessadas em fazer parceria com ele.

Vindo das ruas, sem conhecimento formal sobre negócios, era natural que o novo ambiente o intimidasse. Mas, passados poucos meses, começou a enxergar as coisas sob uma nova ótica – as habilidades que ele desenvolvera nas ruas eram mais do que adequadas àquele novo contexto.

O que ele percebeu em relação aos executivos com os quais lidava era chocante: eles operavam segundo convenções que pareciam ter pouco a ver com as incríveis mudanças em curso no mundo corporativo. A indústria fonográfica, por exemplo, estava sendo destruída pela pirataria digital, mas os executivos só estavam pensando em manter, de alguma forma, o monopólio sobre a propriedade e a distribuição; eram incapazes de se adaptar às mudanças. Interagiam apenas entre si – não com sua base de clientes –, e por isso suas ideias nunca evoluíam. Viviam no passado, quando todos os modelos empresariais eram simples e o controle, fácil. Tinham exatamente a mesma mentalidade de Jermaine; e, para Fifty, um dia também teriam o mesmo destino.

Fifty permaneceria fiel às estratégias que aprendera nas ruas, optando por posições flexíveis e espaço de manobra. Isso significava diversificar com empreendimentos nada tradicionais para um rapper – Vitamin Water (marca de bebidas da Coca-Cola), livros e uma aliança com a General Motors e a Pontiac. Essas parcerias pareciam confusas e aleatórias, mas estavam todas ligadas à imagem imponente que ele continuava a moldar. Fifty trabalhava em cinco frentes diferentes ao mesmo tempo; se uma delas desse errado, ele aprendia e seguia adiante. O mundo corporativo era uma espécie de laboratório que ele usaria para suas constantes experiências e descobertas. Ele se misturava com os funcionários em diversos níveis hierárquicos, e também com seu público, ouvindo suas demandas. O eixo dessa estratégia de fluxo de trabalho seria a internet, um espaço caótico que oferecia oportunidades infinitas para alguém como ele.

Sem saber exatamente aonde isso o levaria, ele começou a criar um site na internet. A princípio, seria um espaço para divulgar novos vídeos e sondar a opinião do público. Não demorou para que começasse a se transformar em uma rede social, reunindo fãs do mundo todo. Isso lhe proporcionou um espaço infinito para comercializar sua marca e acompanhar as mudanças de pensamento do seu público. O site continuaria evoluindo como um organismo vivo – Fifty não impôs nenhum limite ao que poderia vir a ser.

Anos depois, tendo ido além da música e alcançado as mais diversas esferas, Fifty olharia para trás e veria todos que deixara no passado – executivos, outros rappers e líderes corporativos perdidos nas rápidas flutuações da virada do século, toda uma galeria de tipos como Jermaine que não tinham fluxo. Independentemente das mudanças que surgissem, ele continuaria a prosperar naquele novo Velho Oeste, exatamente como prosperara nas ruas.

A ABORDAGEM DESTEMIDA

50 Cent é uma pessoa que eu criei. Logo chegará a hora de destruí-lo e me tornar outra pessoa.

— 50 CENT

Quando crianças, éramos cercados por muitas coisas estranhas e imprevisíveis – pessoas que agiam de maneiras que não faziam sentido, acontecimentos difíceis de entender. Tudo aquilo gerava enorme ansiedade. Queríamos que o mundo ao nosso redor fosse mais familiar. Passamos a associar, em nossa mente, o que não era tão previsível com algo obscuro e caótico, algo assustador. Desse medo, nasceu um profundo desejo de assumir maior controle sobre as pessoas e os acontecimentos que fugiam à nossa compreensão. Para tanto, só conhecíamos um jeito: agarrando, puxando, empurrando, impondo nossa vontade da maneira mais direta possível para que as pessoas fizessem o que queríamos. Com o passar dos anos, isso pode se tornar um padrão de comportamento para a vida inteira – mais sutil na idade adulta, mas ainda assim infantil.

Cada indivíduo que encontramos na vida é singular, com energia, desejos e história próprios. No entanto, querendo mais controle sobre as pessoas, nosso primeiro impulso geralmente é tentar forçá-las a se adaptar aos nossos humores e ideias, a agir de maneiras que sejam familiares e confortáveis para nós. Cada circunstância na vida é diferente, mas isso traz à tona aquele antigo medo do caos e do desconhecido. Não podemos tornar os eventos mais previsíveis, mas podemos criar internamente uma sensação de maior controle agarrando-nos a ideias e crenças que nos proporcionam a sensação de coerência e ordem.

Essa sede de controle, comum a todos nós, é a causa de vários problemas. A fidelidade às mesmas ideias e aos mesmos modos de agir dificulta nossa adaptação às mudanças inevitáveis da vida. Se tentarmos dominar uma situação com uma atitude agressiva, esta se torna a nossa única opção. Não conseguimos ceder, nos adaptar nem aguardar o momento certo – isso seria o mesmo que abrir mão do controle, exatamente o que temos. Tamanha escassez de opções prejudica a resolução de problemas. As pessoas ficam ressentidas quando as forçamos a fazer o que desejamos – e inevitavelmente elas acabam nos sabotando ou se posicionando contra nós. O que descobrimos é que nosso desejo de microgerenciar o mundo ao nosso redor vem acompanhado de um efeito paradoxal: quanto mais tentamos controlar as coisas em nosso ambiente imediato, maior a probabilidade de perdermos o controle a longo prazo.

A maioria das pessoas tende a considerar essas formas de controle direto como o próprio poder – algo que demonstra força, coerência ou caráter. Mas, na verdade, ocorre o contrário. São formas de poder infantis e frágeis, originadas daquele medo, profundamente enraizado, da mudança e do caos. Antes que seja tarde demais, é preciso adotar um conceito mais sofisticado e mais corajoso de poder, que enfatize a fluidez.

A vida tem um ritmo próprio, um fluxo contínuo de mudanças que podem ser lentas ou velozes. Quando tenta interromper esse fluxo mental ou fisicamente, apegando-se a coisas ou a pessoas, você fica para trás. Suas atitudes tornam-se estranhas, pois não se adaptam às circunstâncias. É como nadar contra a corrente, em vez de aproveitar o impulso da onda para impulsioná-lo adiante.

O primeiro passo, e também o mais importante, consiste em abrir mão dessa necessidade de controle tão direto. Isso significa deixar de encarar os momentos de mudança e caos como algo a temer, e passar a encará-los como fonte de entusiasmo e oportunidade. Em uma situação social na qual se queira ter a capacidade de influenciar as pessoas, sua atitude inicial deve ser se ajustar às diferentes energias delas. Você vê o que elas têm a oferecer e se adapta à situação; em seguida, descobre uma forma de canalizar essa energia na sua direção. Deixa para trás o antigo modo de fazer as coisas e molda suas estratégias ao presente, que flui continuamente.

O que nos parece caótico em geral não passa de uma série de eventos novos e de difícil compreensão. Não temos como entender essa aparente desordem se nos mantivermos reativos e temerosos, tentando conformar tudo a padrões que só existem na nossa cabeça. Ao absorver mais desses momentos caóticos com a mente aberta, é possível vislumbrar um padrão, uma razão pela qual eles estão acontecendo, e como podemos explorar isso.

Como parte desse novo conceito, você está substituindo antigos e sólidos símbolos de poder – a rocha, o carvalho, entre outros – pelo símbolo da água, o elemento com a maior força potencial em toda a natureza. A água pode se adaptar a tudo que encontra pela frente, circundando ou passando por cima de qualquer obstáculo. Com o tempo, desgasta a rocha. Essa forma de poder não significa render-se a qualquer coisa que a vida lhe traga e deixar-se levar. Significa canalizar o fluxo de eventos em sua direção, permitindo que isso aumente a força de suas ações e lhe proporcione um poderoso *momentum*.

Em lugares como o bairro em que Fifty cresceu, o conceito de fluxo é essencial. Nesse ambiente, os obstáculos estão em toda parte. Os que vivem ali não conseguem se mudar e ter uma vida digna além dos limites do bairro. Se tentam controlar coisas demais e se tornam agressivos, tendem a dificultar e encurtar a própria vida. A violência a que dão início volta para eles com igual força.

Com tantas limitações físicas, os traficantes aprenderam a desenvolver certa liberdade mental. Eles não podem se deixar perturbar por todos esses obstáculos. Seus pensamentos têm que continuar fluindo – criando novos negócios, novas transações, novas direções na música e na moda. É por isso que as tendências mudam tão rápido nas ruas, o que sempre serve como motor para os novos estilos na cultura em geral. Os traficantes precisam se adaptar a pessoas de todos os tipos, usando a máscara mais adequada a cada situação, evitando a desconfiança de quem quer que seja. (Eles são perfeitos camaleões.) Se conseguem manter essa fluidez mental e social, conseguem sentir um grau de liberdade além de todos os limites físicos das ruas.

Você também enfrenta um mundo cheio de obstáculos e limitações – um novo ambiente onde a competição é mais global, complicada e intensa do que nunca. Como os traficantes, precisa encontrar sua liberdade por meio da fluidez de seus pensamentos e constante criatividade. Isso significa ter maior disposição para experimentar, tentar diversas empreitadas sem medo de errar. Significa também estar sempre tentando desenvolver novos estilos, novas direções a seguir, libertando-se de qualquer inércia que a idade traga. Em um mundo cheio de pessoas tão convencionais em sua forma de pensar, que respeitam demais o passado, esse fluxo inevitavelmente se traduzirá em poder e mais espaço de manobra.

Os tipos históricos destemidos possuem, todos eles, uma capacidade maior de lidar com o caos e usá-lo em benefício próprio. Não há exemplo melhor do que o de Mao Tsé-tung. A China na década de 1920 era um país prestes a passar por mudanças radicais. A antiga ordem imperial que durante séculos havia sufocado o país finalmente se desintegrara. Temendo a desordem que poderia se desencadear na enormidade do território chinês, os dois partidos que competiam pelo controle – os nacionalistas e os comunistas – optaram por tentar conter a situação da melhor maneira possível.

Os nacionalistas ofereceram uma nova face à antiquada ordem imperial. Os comunistas decidiram impor à China o modelo de Lenin – empreendendo uma revolução do proletariado, centrada em áreas urbanas, controlando as principais cidades do país e impondo a estrita adesão ao dogma do partido entre seus seguidores. Tinha dado certo na União Soviética, criando ordem em pouco tempo, mas não era relevante para a China; no fim da década, a estratégia falhara completamente. À beira da aniquilação, os comunistas recorreram a Mao, que tinha um conceito totalmente diferente do que deveria ser feito.

Mao crescera em uma pequena aldeia, entre a vasta população camponesa do país. Como parte de sua educação, imergira nos sistemas de crenças ancestrais do taoismo, que via a mudança como a essência da natureza, e a adequação a essas mudanças como a fonte de todo o poder. Segundo o taoismo, a pessoa se torna mais forte quando tem uma fragilidade que lhe permite flexionar-se e adaptar-se. Mao não temia a vastidão territorial do país, tampouco sua enorme população. O caos que isso poderia representar simplesmente se tornaria parte de sua estratégia. Sua ideia era recrutar a ajuda dos camponeses, de forma que os soldados comunistas pudessem se adaptar à região rural como peixe na água.

Ele não atacaria centros urbanos nem tentaria ocupar nenhuma posição no país. Seu plano era mover o exército de um lado para o outro, como uma força fugaz que atacaria e, em seguida, desapareceria, sem que o inimigo soubesse de onde veio ou o que pretendia. Essa força de guerrilha permaneceria em constante movimento, sem deixar espaço para que o inimigo respirasse, criando *neles* uma sensação de caos.

Os nacionalistas seguiam a escola de guerra oposta, convencional ao extremo. Quando Mao finalmente partiu para o ataque, os nacionalistas não conseguiram se adaptar ao novo estilo de guerra. Mantiveram-se em posições-chave, enquanto os comunistas os cercavam no vasto território chinês. O controle dos nacionalistas reduziu-se a algumas cidades, e logo eles desmoronaram completamente, em uma das reviravoltas mais extraordinariamente rápidas da história militar.

Entenda: não é somente o que você faz que deve ter um fluxo, mas também como você faz. São suas estratégias, os métodos que utiliza para abordar os problemas, que devem se adaptar constantemente às circunstâncias. A estratégia é a essência da ação humana – a ponte entre uma ideia e sua concretização no mundo. Com frequência essas estratégias se transformam em convenções inflexíveis, enquanto as pessoas continuam imitando o que deu certo antes, sem ao menos entender por quê. Mantendo suas estratégias antenadas com o momento, você pode ser um agente da mudança, rompendo com modos obsoletos de agir e, ao longo do processo, adquirindo um enorme poder. A maior parte das pessoas é rígida e previsível, o que as torna alvos fáceis. Por isso, suas estratégias fluidas e imprevisíveis vão deixá-las desnorteadas. Elas não conseguirão prever seu próximo passo, nem entender você. E isso já é o suficiente para que se rendam ou desmoronem.

A CHAVE PARA NÃO TER MEDO

Assim, a vitória em uma batalha não pode ser repetida – ela acontece em resposta a circunstâncias infinitamente mutáveis... pode ser comparada à água, que se adapta aos acidentes do terreno.

— SUN TZU

Todos nós, em algum momento da vida, já vivenciamos uma sensação de *momentum*. Talvez alguma atitude nossa tenha provocado uma reação e o reconhecimento dos outros. Essa atenção positiva nos enche de uma confiança com a qual não estamos familiarizados, o que, por sua vez, atrai as pessoas para nós. Então, transbordando de fé em nós mesmos, realizamos outra ação positiva. Mesmo que não seja tão perfeita, a essa altura as pessoas tendem a ignorar as imperfeições. Uma aura de sucesso nos envolve. Tantas vezes na vida, uma coisa boa parece seguir outra.

Isso continua até que, inevitavelmente, rompemos o fluxo. Talvez passemos dos limites com alguma atitude que quebra o encanto, ou fiquemos repetindo a mesma coisa, e as pessoas se cansem de nós e procurem outros ídolos ou fontes de inspiração. De uma hora para a outra, o *momentum* oposto pode nos afligir. Nossas inseguranças começam a atrapalhar. As pequenas imperfeições que as pessoas antes ignoravam agora parecem gritantes. Entramos em uma onda de azar, e o desânimo nos imobiliza cada vez mais.

Em qualquer uma das extremidades do espectro, reconhecemos o fenômeno, mas o tratamos como algo místico, que está além do controle e explicação conscientes. No entanto, essa dinâmica não é tão misteriosa quanto pensamos. Em meio a cada onda de *momentum*, tendemos a nos sentir mais abertos; deixamos a vida nos levar. A confiança que temos quando as coisas vão bem faz com que as pessoas abram caminho para nós ou se juntem a nós, o que fortalece ainda mais as nossas ações. Às vezes, o senso de urgência – a sensação de que temos que fazer algo – nos leva a agir de maneira especialmente enérgica, desencadeando um ciclo positivo que em geral vem acompanhado pela impressão de que temos pouco a perder ao tentar algo corajoso. Talvez, ao nos sentirmos um tanto desesperados, acabamos relaxando e experimentando.

O que une tudo isso é que algo se abre dentro de nós e nos permite uma maior amplitude de movimento. Nosso estilo se torna mais livre e ousado, e seguimos com a corrente. Quando, por outro lado, a sequência de *momentuns* chega ao fim, geralmente é por causa de alguma coisa que fizemos, uma espécie de autossabotagem inconsciente. Reagimos contra esse relaxamento por medo, por não saber aonde ele pode nos levar. Tornamo-nos conservadores, o fluxo de energia cessa, e aos poucos retornamos à estagnação e à depressão. Em vários aspectos, somos nós que controlamos esse fenômeno, ainda que não em um nível suficientemente consciente.

Entenda: na vida, o *momentum* vem de uma maior fluidez, da vontade de experimentar mais, de agir de uma forma menos constrita. Em vários níveis, é difícil expressar isso em palavras, mas, ao compreender o processo, ao ter mais consciência dos elementos envolvidos, você coloca sua mente em estado de prontidão, mais capaz de explorar qualquer movimento positivo na sua vida. Vamos chamar isso de *momentum* calculado. Para esse propósito, você deve praticar e dominar os quatro tipos de fluxo a seguir.

Fluxo mental

Quando Leonardo da Vinci era jovem (meados do século XV), o conhecimento se encontrava preso em compartimentos rígidos. Em um deles, estavam a filosofia e a escolástica, em outro, as artes, então consideradas simples ofícios de artesãos; em outro ainda, a ciência, que não era muito empírica. Nas margens, ficavam todas as formas de conhecimento secreto – as artes do oculto.

Da Vinci era filho ilegítimo de um tabelião e, devido a essa posição social obscura, foi-lhe negada a educação formal padrão, o que veio a ser uma grande bênção para ele. Sua mente se manteve livre de todos os preconceitos e categorias austeras de pensamento dominantes na época. Ele foi aprendiz no estúdio do grande artista Verrocchio. Assim que começou a aprender o ofício de desenhista e pintor, iniciou-se um processo que levou à formação de uma das mentes mais originais da história da humanidade.

O conhecimento em um campo simplesmente despertava em Da Vinci o desejo insaciável de aprender algo mais em um campo afim. O estudo da pintura o levou ao estudo do desenho em geral, o que o levou a se interessar pela arquitetura – e daí ele passou ao estudo da engenharia; à criação de máquinas e estratégias de guerra; à observação dos animais e da mecânica do movimento que poderia ser aplicada à tecnologia; ao estudo dos pássaros e da aerodinâmica, da anatomia animal e humana, da relação entre as emoções e a fisiologia; e assim por diante. Esse incrível fluxo de ideias transbordou até para o ocultismo. Sua mente não conhecia limites; ele buscava as conexões entre todos os fenômenos naturais. Nesse sentido, Da Vinci estava à frente de seu tempo e foi o primeiro homem de fato renascentista. Suas descobertas em vários campos tiveram um *momentum* – a intensidade de uma levando a outra. Muitos não conseguiam entendê-lo, considerando-o excêntrico, até mesmo inconstante. Grandes patronos, porém, como o rei Francisco I da França, e até mesmo César Bórgia, reconheceram seu talento e tentaram explorá-lo.

Hoje, retornamos a um ponto que se assemelha à pré-Renascença. O conhecimento voltou a ser enquadrado em categorias rígidas, e os intelectuais foram isolados em vários guetos. As pessoas inteligentes são consideradas sérias com base na profundidade com que mergulham em um campo de estudo, e seu ponto de vista se torna cada vez mais míope. Quem ultrapassa essas rígidas demarcações inevitavelmente é considerado amador. Depois da faculdade, somos todos incentivados a nos especializar, a aprender muito bem uma coisa e somente ela. Acabamos nos estrangulando na estreiteza de nossos interesses. Com todas essas restrições, o conhecimento não flui. Tais categorias não existem na vida real; são meras convenções às quais obedecemos sem pensar.

Da Vinci continua sendo o ícone e a inspiração para uma nova forma de conhecimento. Nessa forma, o que importa são as conexões entre as coisas, não o que as separa. A mente em si tem um *momentum* específico; quando se acende e descobre algo novo, ela tende a encontrar outros itens para estudar e iluminar. Todas as maiores inovações da história originam-se da abertura para a descoberta, uma ideia que leva a outra, às vezes provenientes de campos que não estão relacionados. É preciso desenvolver esse espírito e a mesma fome insaciável de conhecimento. Isso vem da ampliação de seus campos de estudo e da observação, quando você se deixa levar pelas descobertas que faz. Você perceberá que terá ideias inesperadas, do tipo que levará a novas práticas ou novas oportunidades. Se a fonte secar em sua linha de trabalho específica, você terá desenvolvido sua mente em outras direções que, agora, poderá explorar. Contar com esse fluxo mental permitirá que você se desvie constantemente dos obstáculos e mantenha o *momentum* na sua carreira.

Fluxo emocional

Somos criaturas emocionais por natureza. É assim que reagimos inicialmente aos acontecimentos; só depois somos capazes de ver que essas respostas emocionais podem ser destrutivas e precisam ser controladas. Não temos como reprimir essa parte da natureza humana, nem devemos tentar. É como uma enchente: quanto mais tentamos represar a água, mais força ela ganha. O que devemos fazer com as emoções intermináveis que nos invadem durante o dia é deixá-las passar por nós, jamais nos prendendo a uma única emoção por muito tempo. Somos capazes de deixar de lado qualquer tipo de sentimento obsessivo. Se alguém diz algo que nos incomoda, logo encontramos uma forma de superar o incômodo – seja desculpando a pessoa por dizer aquilo, dando-lhe pouca importância ou esquecendo.

O esquecimento é uma habilidade que precisamos desenvolver para ter fluxo emocional. Se você não puder deixar de sentir raiva ou repulsa naquele momento, cuide para não deixar que a sensação persista no dia seguinte. Quando você se apega a emoções como essas, é como se colocasse uma venda nos olhos. Durante esse período, você vê e sente somente o que essa emoção determina e não acompanha os acontecimentos. Sua mente fica presa a sentimentos de fracasso, decepção e desconfiança, conferindo-lhe aquela sensação estranha de alguém que está fora de sintonia com o momento. Sem perceber, todas as suas estratégias são infectadas por esses sentimentos, desviando você do curso.

Para combater esse processo, é preciso aprender a arte de contrabalançar. Quando estiver com medo, force-se a agir com mais ousadia do que o normal. Quando sentir um ódio desmedido, encontre um objeto de amor ou admiração no qual possa se concentrar intensamente. Uma emoção forte tende a anular a outra e o ajuda a superá-la.

Pode parecer que um profundo sentimento de amor, ódio ou raiva pode ser usado para impulsioná-lo a um projeto, mas é só ilusão. Essas emoções geram uma onda de energia que se esgota depressa e o deixa tão abatido quanto esteve energizado. Em lugar disso, você precisa de uma vida emocional mais equilibrada, com menos altos e baixos. Isso não só o ajuda a seguir em frente e a superar obstáculos insignificantes, como também afeta a percepção que as pessoas têm de você. Elas passam a vê-lo como alguém que não perde a calma sob pressão, de pulso firme, e vão recorrer a você como líder. Preservar essa estabilidade manterá esse fluxo positivo em movimento.

Fluxo social

Trabalhar com pessoas, seja em que nível for, pode ser uma tarefa complicada. Elas levam suas singularidades e a própria energia para o projeto, bem como os próprios interesses. A tendência natural de um líder é tentar colocar todos na mesma sintonia. Isso parece ser a melhor coisa a se fazer, mas, na verdade, tem origem no medo infantil do imprevisível. E, no fim, torna-se contraproducente, pois as pessoas que trabalham para você colocam cada vez menos energia na tarefa em questão. Depois do entusiasmo inicial, a insatisfação dos seus colaboradores pode rapidamente sufocar o *momentum* que você desenvolveu.

No início de sua carreira, o grande diretor sueco Ingmar Bergman usou uma abordagem mais tirânica para lidar com seus atores, porém, insatisfeito com os resultados, decidiu experimentar algo diferente. Passou a esboçar o roteiro de um filme, deixando os diálogos em aberto. Em seguida, convidava os atores a levarem as próprias experiências e energia, moldando os diálogos de acordo com a reação emocional dos artistas. Isso fez com que o roteiro ganhasse vida de dentro para fora e, às vezes, exigia reescrever partes da trama. Trabalhando com os atores nesse nível, Bergman entrava no espírito deles, espelhando sua energia como uma forma de fazê-los relaxarem e se abrirem. À medida que sua carreira evoluía, ele usou cada vez mais essa técnica, e os resultados foram surpreendentes.

Os atores passaram a adorar aquilo, pois a técnica os fazia se sentirem mais envolvidos e comprometidos; eles queriam trabalhar com Bergman, e o entusiasmo deles se refletia em suas atuações, que melhoravam a cada projeto. Os filmes do diretor tinham um ar muito mais realista e envolvente do que aqueles estruturados em torno de um roteiro rígido. A popularidade de seu trabalho aumentou à medida que ele se aprofundou nesse processo colaborativo.

Esse deve ser seu modelo em qualquer projeto que envolva grupos de pessoas. Você oferece a estrutura, com base em seu conhecimento e em sua experiência, mas dá espaço para que o projeto seja moldado por aqueles nele envolvidos. Assim, as pessoas vão se sentir motivadas e criativas, ajudando a conferir mais fluxo e força ao projeto. Mas não exagere nesse processo; cabe a você definir a direção e o tom gerais. Apenas deixe de lado a terrível necessidade de forçar os outros a fazerem exatamente o que você deseja. Com o tempo, você descobrirá que a sua capacidade de guiar com tato a energia das pessoas em sua direção lhe dá uma gama mais ampla de controle sobre o formato e o resultado do projeto.

Fluxo cultural

Na década de 1940, o grande saxofonista Charlie Parker revolucionou o mundo do jazz com a invenção do estilo conhecido como *bebop*. Entretanto, logo viu o estilo se tornar uma convenção no gênero e, em poucos anos, deixou de ser a figura disruptiva adorada pelos fãs em busca de modernidade. Surgiram artistas mais jovens que levaram as criações dele a outros níveis. Isso o afetou muito, e ele entrou em uma espiral de declínio, falecendo ainda jovem.

O trompetista Miles Davis fazia parte da banda de Parker e testemunhou de perto sua derrocada. Davis entendeu o âmago da questão: o jazz era uma forma de música incrivelmente fluida, que passava por enormes mudanças de estilo em períodos curtos. Como os Estados Unidos não valorizavam nem cuidavam de seus músicos negros, aqueles que eram ultrapassados por uma nova tendência sofriam um destino terrível, como aconteceu com Parker. Davis jurou não se deixar esmagar por essa dinâmica. Sua solução foi nunca se fixar em um único estilo. A cada quatro anos, aproximadamente, ele reinventava radicalmente seu som. Seu público precisava decidir se acompanharia as mudanças e, na maioria das vezes, acompanhava.

Em pouco tempo ele passou a ser visto como alguém sempre em sintonia com as últimas tendências, e seu novo estilo era estudado e imitado. Como parte dessa estratégia, ele sempre contratava músicos jovens para trabalharem com ele, aproveitando a criatividade que acompanha a juventude. Dessa forma, desenvolveu um tipo de *momentum* constante que o levou a superar o declínio habitual na carreira de um músico de jazz. Ele manteve essa fecundidade por mais de trinta anos, algo inédito no gênero.

Entenda: você existe em um momento cultural específico, com fluxo e estilo próprios. Quando jovens, somos mais sensíveis a essas flutuações de gosto e, portanto, em geral estamos antenados com o presente. Mas, à medida que envelhecemos, a tendência é ficarmos presos a um estilo desatualizado, o qual associamos à nossa juventude e sua emoção. Com o passar do tempo, esse estilo pode ficar desinteressante; você fica parecendo uma peça de museu. Seu *momentum* morre à medida que as pessoas passam a categorizá-lo em um período estreito de tempo.

Encontre uma forma de se reinventar periodicamente. Não copie a última tendência – isso o fará parecer igualmente desinteressante. Basta que você redescubra aquela atenção juvenil ao que está acontecendo ao seu redor e que incorpore suas preferências em um novo espírito. Divirta-se moldando sua personalidade, usando uma nova máscara. A única coisa que realmente tem a temer é se tornar uma relíquia social e cultural.

Mudança de perspectiva

Na cultura ocidental, tendemos a associar caráter com coerência. As pessoas que mudam muito de ideia e de imagem podem ser consideradas indignas de confiança e até pessoas "do mal". Honramos aqueles que são fiéis ao passado e a certos valores atemporais. Por outro lado, as pessoas que questionam e mudam as convenções vigentes costumam ser vistas como figuras destrutivas, pelo menos enquanto estão vivas.

O grande escritor florentino Nicolau Maquiavel via esses valores de consistência e ordem como produtos de uma cultura do medo, como algo que deveria ser mudado. Em sua visão, é exatamente nossa natureza fixa – a tendência a nos apegarmos a uma linha de ação ou pensamento – a fonte do sofrimento e da incompetência humanos. Um líder pode alcançar o poder por meio de atitudes ousadas, mas, quando os tempos mudam e exigem cautela, ele geralmente manterá a mesma ousadia. Incapaz de se adaptar, torna-se prisioneiro de sua própria natureza. O que antes o deixava acima dos outros passa a ser a fonte de sua decadência.

As verdadeiras figuras de poder, na visão de Maquiavel, seriam pessoas capazes de moldar o próprio caráter, de reunir as qualidades necessárias ao momento e de se adaptarem às circunstâncias. Aqueles que permanecem fiéis a alguma ideia ou valor sem examinarem a si mesmos costumam ser os piores tiranos na vida. Eles fazem com que os outros se conformem com conceitos obsoletos. São forças negativas que impedem a mudança necessária para que a cultura evolua e prospere.

Eis como você deve agir: esforce-se para superar essa natureza fixa, tentando mudar ativamente sua abordagem e seu estilo, para ter uma noção das diferentes possibilidades de se fazer algo. Passe a ver com desconfiança os períodos de ordem e estabilidade, como algo que não está fluindo em sua vida e em sua mente. Por outro lado, os momentos de mudança e o caos aparente farão você prosperar – eles dão vida à sua mente e ao seu espírito. Se atingir esse ponto, terá um poder enorme. Não há nada a temer nos momentos de transição. Ao contrário, eles são bem-vindos, e em determinado ponto você os buscará por conta própria. Sempre que se sentir acomodado, sempre que tudo estiver indo bem demais, desconfie. É desses momentos que você deve ter medo de verdade.

As pessoas querem se estabilizar, mas só há esperança para elas enquanto estiverem desestabilizadas.
— RALPH WALDO EMERSON

5

Saiba quando ser impiedoso – Agressividade

Você sempre encontrará pessoas agressivas e passivo-agressivas que tentarão prejudicá-lo de alguma forma. Supere o medo de enfrentá-las, ou será muito difícil se impor diante daqueles que são mais astutos e implacáveis. Você precisa dominar o quanto antes a arte de saber quando e como ser impiedoso, através de dissimulação, manipulação e força direta nos momentos certos. Todos operam com uma moralidade flexível quando se trata de defender os próprios interesses. Você simplesmente passará a fazer isso de maneira mais consciente e eficaz.

O ESQUEMA DO TRAFICANTE

O traficante vive cada minuto do dia sabendo, na prática e no subsconsciente, que, se relaxar, se desacelerar um pouco, outros furões, raposas, lobos e abutres, famintos e impacientes, não hesitarão em fazer dele sua presa.

— MALCOLM X

No verão de 1994, depois de cumprir pena em um centro de reabilitação, Curtis Jackson voltou para o Southside Queens. Para sua surpresa, durante o ano em que esteve fora, o comércio de drogas passara por intensas mudanças. As ruas agora estavam lotadas de traficantes que tentavam ganhar algum dinheiro vendendo crack. Cansados da violência e das acirradas rivalidades dos oito anos anteriores, haviam montado um esquema no qual cada um dominava uma ou duas esquinas, e os usuários os procuravam para transações rápidas. Era um esquema tranquilo e previsível para todos. Não havia necessidade de brigar, tirar os outros do caminho ou ficar mudando de um ponto para o outro.

Quando Curtis espalhou a notícia de que queria reunir seu antigo pessoal e retomar suas atividades, foi recebido com desconfiança e hostilidade. Seus planos ambiciosos poderiam arruinar o sistema tranquilo que haviam estabelecido. Curtis teve a sensação de que, para proteger a nova ordem, não hesitariam em eliminá-lo antes que ele pudesse fazer qualquer coisa.

De uma hora para a outra, o futuro lhe pareceu sombrio e deprimente. Meses antes, ele havia decidido abandonar o tráfico, mas seus planos dependiam de ganhar e juntar um bom dinheiro para seguir carreira na música. No esquema atual, em que cada um ocupava uma esquina, ele nunca ganharia o suficiente. Anos se passariam e seria cada vez mais difícil abandonar o tráfico. Mas, se tentasse alguma jogada para conquistar território e ganhar dinheiro rápido, encontraria poucos aliados e muitos inimigos entre os outros traficantes. Não era do interesse deles que Curtis expandisse seus negócios.

Quanto mais ele refletia sobre a situação, mais furioso ficava. Parecia não haver saída, pois em toda parte havia pessoas em seu caminho, limitando suas ambições ou tentando lhe dizer o que fazer. Fingiam tentar manter a ordem, quando na realidade queriam ganhar poder e preservá-lo. Curtis sabia, por experiência própria, que quando você quer uma coisa na vida, não pode se dar ao luxo de ser gentil e submisso; precisa ser ágil e enérgico. Seria natural que, recém-saído da prisão, a ideia de voltar à vida de antes o deixasse inquieto, mas o que ele de fato tinha a temer era ficar estagnado e se conformar em ser um traficante de esquina. Era hora de ser agressivo, impiedoso, e sacudir um sistema criado apenas para subjugar pessoas como ele.

Curtis se lembrou dos grandes traficantes que conhecera nas ruas e cuja estratégia mais eficaz era a "armação", que consistia em distrair as pessoas com uma narrativa dramática e emotiva para conseguirem o que queriam. Ele tinha visto a tática ser usada milhares de vezes e, refletindo sobre o assunto, percebeu qual seria o material para a distração perfeita.

Quando estava na reabilitação, fez amizade com o chefe de uma gangue de assaltantes do Brooklyn famosa por sua eficiência e atitudes intimidadoras. Curtis então bolou o seguinte esquema: ficaria na dele por algumas semanas, trabalhando numa esquina como os outros e, aparentemente, aceitando o novo sistema. Então contrataria essa gangue por debaixo dos panos para roubar joias, dinheiro e drogas de todos os traficantes do bairro, inclusive dele próprio. A gangue faria várias incursões na área ao longo de algumas semanas. Como parte do acordo, eles ficariam com o dinheiro e as joias enquanto Curtis ficava com as drogas. Ninguém suspeitaria do envolvimento de Curtis.

Nas semanas que se seguiram, ele se divertiu observando o súbito aparecimento de assaltantes no bairro, causando pânico entre os traficantes, alguns dos quais eram seus amigos. Fingiu estar igualmente preocupado.

Melhor não mexer com os caras do Brooklyn. Praticamente da noite para o dia, a vida dos traficantes virou de cabeça para baixo: agora, eram obrigados a portar armas para se proteger, mas isso gerou outro tipo de problema para eles. A polícia estava por toda parte, fazendo buscas aleatórias, e quem fosse pego com uma arma passaria um bom tempo na prisão. Os traficantes não podiam mais esperar os usuários nas esquinas. Tinham que se manter em movimento para evitar a polícia; alguns só recebiam pedidos por pagers. Tudo se complicou e as vendas enfraqueceram.

O modelo antigo, justo e estático, havia ruído, e Curtis aproveitou a brecha para vender aos usuários cápsulas de novas cores que ele próprio embalava. Às vezes, acrescentava algumas cápsulas de brinde, com a droga obtida no roubo. Os usuários o procuravam em massa, sem que os demais traficantes percebessem a volta que Curtis tinha dado neles. Quando descobriram, era tarde demais. Curtis havia expandido seus negócios e estava a caminho de comprar sua liberdade.

Anos depois, Curtis (já como 50 Cent) havia aberto caminho para a carreira de rapper. Conseguira um contrato com a Columbia Records, e o futuro parecia razoavelmente brilhante. Mas ele não era alguém que se deixava ludibriar pelos sonhos. Não demorou a perceber que as oportunidades de construir uma carreira sólida na música eram limitadas. Como todo mundo, ele disputava migalhas de atenção; os artistas podiam emplacar um hit aqui ou ali, mas era temporário, e eles não tinham poder para alterar essa dinâmica. Pior ainda: ele já havia feito inimigos no meio – era ambicioso e talentoso. Havia quem desconfiasse dele e o temesse, pessoas que trabalhavam nos bastidores para garantir que ele não fosse longe na indústria da música.

Fifty já aprendera que neste mundo não basta ter talento e boas intenções; é preciso também ter coragem e uma estratégia definida. Diante da indiferença ou da hostilidade das pessoas, é preciso ser agressivo e tirá-las do seu caminho de qualquer maneira, sem se preocupar com o fato de algumas gostarem ou não de você. Nesse caso, ele estava em busca de uma oportunidade para tal atitude ousada, e um encontro casual a apresentou a ele.

Em uma boate de Manhattan, Fifty estava conversando com um amigo quando viu o rapper Ja Rule olhando em sua direção. Semanas antes, o amigo de Fifty havia roubado joias de Ja Rule em plena luz do dia. Fifty imaginou que o rapper se aproximaria e faria um estardalhaço, mas Ja Rule desviou o olhar e decidiu ignorá-los. Fifty ficou chocado. Ja Rule era um dos rappers mais populares da época; tinha uma reputação de *gangsta* do Southside Queens, e suas letras reforçavam essa imagem de valentão. Ele e seu selo, a Murder Inc., haviam se aliado a Kenneth "Supreme" McGriff, ex-líder do Supreme Team, gangue que controlava o tráfico de drogas de Nova York com táticas implacáveis na década de 1980. Supreme deu a Ja Rule credibilidade nas ruas, e a Murder Inc. ofereceu a Supreme o acesso à indústria fonográfica, algo legítimo para que se distanciasse de seu passado sombrio.

Nenhum traficante ou *gangsta* teria ignorado tão descaradamente alguém que o houvesse roubado. Para Fifty, isso queria dizer que Ja Rule era uma farsa, que sua imagem e suas letras nada mais eram do que uma forma de ganhar dinheiro. Ja Rule era arrogante, mas inseguro. Ao perceber isso, formou-se na mente de Fifty a ideia de um esquema que chamaria atenção e o faria superar todos que estavam em seu caminho.

Nas semanas seguintes, ele começou a lançar *diss tracks* que insultavam Ja Rule, retratando-o como um *gangsta* de estúdio que fazia rap sobre coisas que nunca vivera. Era para ter ficado irritado, mas Ja Rule não reagiu à provocação. Considerava-se muito importante para se preocupar com um zé-ninguém. No entanto, seria impossível ignorar o próximo passo de Fifty: ele lançou uma música detalhando as atividades de famosos líderes de gangues da década de 1980 no Southside Queens, entre eles Supreme. A música se popularizou nas ruas e atraiu exatamente o tipo de atenção que Supreme queria evitar, agora que estava fazendo um trabalho dentro da lei. Isso o irritou e o deixou desconfiado – o que Fifty ia aprontar agora? Foi então que o ex-chefão pressionou Ja Rule a ir atrás do novato e destruí-lo antes que ele fosse longe demais.

Ja Rule foi forçado a ir atrás de Fifty. Fez o que pôde para silenciá-lo: espalhou boatos maldosos sobre seu passado, tentou bloquear quaisquer contratos com gravadoras que ele pudesse ter; e um dia, ao encontrá-lo em um estúdio de gravação, ele e seus capangas puxaram briga. O objetivo era intimidá-lo com sua força e sua fama, mas aquilo só fez Fifty passar a lançar *diss tracks* com mais frequência. Queria provocar Ja Rule de todas as maneiras – enfurecê-lo e fazê-lo sentir-se inseguro, sedento de vingança. Fifty manteria uma calma estratégica enquanto o adversário perdesse o controle. Com esse propósito, chamou-o de "wanksta", um aspirante a gângster. Parodiou seu estilo de cantar, suas letras, sua imagem de durão. As canções eram agressivas, mordazes e cômicas.

Ja Rule foi ficando cada vez mais furioso à medida que essas músicas chegavam às rádios e os jornalistas o enchiam de perguntas sobre Fifty. Ele precisava provar que era um cara durão, que não era um "wanksta", então lançou suas próprias *diss tracks*. Mas, longe de serem espirituosas, suas canções eram brutais e violentas. Sem perceber, ele havia se colocado na defensiva, o que não era nada engraçado.

O lançamento do primeiro álbum de Fifty coincidiu com o de um álbum de Ja Rule, e as vendas do novato eclipsaram as do veterano. Agora Fifty era a estrela, e Ja Rule começou a sair de cena. Na nova posição, Fifty suspendeu os ataques, quase com pena do ex-rival. Tinha cumprido sua função, e o melhor era que Ja Rule caísse no esquecimento.

A abordagem destemida

Aprendi que a criança que não quer brigar sempre vai pra casa com um olho roxo. Se você der a entender que fará de tudo para evitar problemas, vai acontecer o mesmo com você.

— 50 CENT

A vida é cheia de batalhas, que ocorrem em dois níveis. Em um deles, temos desejos e necessidades, objetivos a alcançar. Em um mundo altamente competitivo, isso significa que devemos agir de forma assertiva e, às vezes, até tirar algumas pessoas do caminho para conseguir o que queremos. No outro nível, sempre há alguém mais agressivo do que nós. Em algum momento, essas pessoas cruzam nosso caminho e tentam nos prejudicar ou nos impedir de seguir em frente. Em ambos os níveis, na ofensiva e na defensiva, temos que saber como lidar com a resistência e a hostilidade das pessoas. Esse tem sido o drama humano desde o início dos tempos, e não importa o progresso que façamos, nada vai mudar essa dinâmica. A única coisa que mudou foi nossa maneira de lidar com esses momentos inevitáveis de atrito na vida.

Antes, as pessoas eram mais belicosas. Podemos comprovar isso se analisarmos diversos tipos de comportamento social ao longo dos tempos. No teatro, por exemplo, era comum que o público na Europa e nos Estados Unidos do século XIX expressasse verbalmente sua desaprovação em relação à peça ou aos atores, gritando, vaiando ou atirando objetos no palco. Era comum que ocorressem brigas por divergências de opinião, o que não era motivo de preocupação, e sim parte do apelo. Nas campanhas políticas, era considerado normal simpatizantes de diferentes partidos entrarem em confronto nas ruas para resolver suas diferenças. Uma democracia era considerada vibrante ao permitir tais divergências públicas, uma espécie de válvula de escape para a agressividade humana.

Hoje, costumamos pensar o oposto. Em geral, o confronto nos assusta mais. Tendemos a levar para o lado pessoal se alguém discorda abertamente de nós ou expressa uma opinião contrária à nossa. Também temos mais medo de dizer alguma coisa que possa ofender aqueles que estão ao nosso redor, como se o ego das pessoas fosse muito frágil. A cultura tende a manter o espírito de cooperação como um ideal; ser justo e democrático significa se dar bem com os outros, enquadrar-se e não incomodar ninguém. Conflito e atrito são vistos quase como um mal; somos encorajados a ser cordiais e simpáticos. No entanto, o animal humano continua tendo impulsos agressivos, e o que acontece é que muitas pessoas canalizam essa energia para um comportamento passivo-agressivo, o que complica ainda mais as coisas.

Nessa atmosfera, todos pagamos um preço. No que diz respeito ao lado ofensivo do poder, quando devemos agir de forma vigorosa e assertiva para promover nossos interesses, tendemos a ser indecisos e inseguros. Ao lidarmos com as pessoas agressivas e passivo-agressivas à nossa volta, podemos acabar sendo ingênuos demais; queremos acreditar que elas querem a paz e desejam a mesma coisa que nós. Em geral, aprendemos tarde demais que esse não é bem o caso. Essa incapacidade de lidar com o que é inevitável na vida é a causa de muitos problemas. Nós nos esforçamos para adiar ou evitar conflitos, e, quando eles chegam a um ponto em que tal jogo passivo é insustentável, falta-nos a experiência e a prática de encarar os problemas de frente.

O primeiro passo para superar isso é perceber que a capacidade de lidar com o conflito é uma função da força interior *versus* o medo, e que essa capacidade não tem nada a ver com bondade ou maldade. Quando nos sentimos fracos e com medo, temos a sensação de que não podemos lidar com nenhum tipo de confronto. Podemos acabar desmoronando, perdendo o controle ou saindo feridos. É melhor manter tudo calmo e tranquilo. Seu objetivo principal então é que as pessoas gostem de você, o que se torna uma espécie de escudo defensivo. (Muito do que se passa por gentileza e bom comportamento é, na verdade, um reflexo de medos profundos.)

Mas o que você de fato precisa é se sentir forte e seguro internamente. Esteja disposto a desagradar as pessoas de vez em quando e sinta-se à vontade para enfrentar quem se opuser aos seus interesses. Ocupando essa posição de força, você será capaz de lidar com os atritos de forma eficaz, sendo impiedoso quando necessário.

Essa força interior, entretanto, não é algo inato. Requer experiência. Isso significa agir no dia a dia de forma mais assertiva – enfrentar o agressor em vez de evitá-lo; desenvolver estratégias e insistir para conseguir o que quer em vez de esperar que alguém dê a você. Você vai ver que em geral seus medos exageram as consequências desse tipo de comportamento. Você vai deixar claro para os outros que eles não podem ultrapassar alguns dos seus limites e que você tem interesses que está disposto a defender ou promover. Você ficará livre da ansiedade constante em relação a enfrentar as pessoas. Não estará mais preso à falsa bondade que afeta seus nervos. A próxima batalha será mais fácil. Sua confiança para lidar com esses momentos de atrito aumentará a cada situação enfrentada.

Na periferia, as pessoas não podem se dar ao luxo de se preocupar se os outros gostam delas ou não. Os recursos são limitados; todos querem ter poder e tentam conquistá-lo da forma que conseguem. É um jogo duro, sem espaço para ser ingênuo ou para ficar esperando que coisas boas caiam do céu. Você aprende a pegar o que deseja sem se sentir culpado. Se você tem sonhos e ambições, sabe que, para realizá-los, precisa agir, fazer barulho, machucar algumas pessoas no caminho. E espera que outros façam o mesmo com você. Isso faz parte da natureza humana e, em vez de ficar reclamando, você simplesmente precisa melhorar sua capacidade de se proteger.

Todos nós enfrentamos uma dinâmica competitiva semelhante – as pessoas à nossa volta estão se esforçando para promover seus interesses. Mas, como nossas batalhas são mais sutis e veladas, tendemos a perder de vista os aspectos inóspitos do jogo. Com frequência confiamos demais – nos outros, em um futuro que nos trará coisas boas. Por isso, vale adotar um pouco da dureza e da visão realista daqueles que crescem sob pressão. Podemos traçar uma linha simples – todos temos ambições e objetivos grandiosos, mas ou ficamos esperando o momento ideal para realizá-los ou já estamos agindo no presente. Essa ação requer alguma energia agressiva canalizada de forma inteligente e a disposição de desagradar uma pessoa ou outra que estiver atrapalhando o nosso caminho. Se optamos por esperar e nos contentamos com o que temos, não é porque somos bons e gentis, mas porque temos medo. Precisamos nos livrar do medo e da culpa que podem nos dominar quando decidimos agir de forma assertiva. Esses sentimentos só servem para nos deter.

Os tipos destemidos ao longo da história com frequência tiveram que enfrentar muitas hostilidades na vida e, ao fazê-lo, invariavelmente descobriram o papel crucial que sua atitude tem em demover as pessoas de sua agressividade. Pense em Richard Wright, o primeiro escritor negro de sucesso dos Estados Unidos. Seu pai abandonou sua mãe logo depois do nascimento de Wright, em 1908, e na infância ele conheceu apenas a fome e a pobreza. Depois que o tio com quem viviam foi linchado por uma multidão de brancos, ele, a mãe e o irmão tiveram que fugir do Arkansas e vagar pelo sul do país. Quando a mãe adoeceu e ficou inválida, Wright pulou de família em família, chegando a passar um tempo em um orfanato. Os parentes, também pobres e frustrados, batiam nele com frequência. Os colegas de escola, sentindo que Wright era diferente (gostava de ler e era tímido), zombavam dele e o rejeitavam. No trabalho, os patrões brancos o sujeitaram a inúmeras humilhações, como espancamentos e demissões sem motivo aparente.

Essas experiências criaram nele camadas intrincadas de medo. Mas ao ler inúmeros livros sobre a diversidade de ideias no mundo e refletir mais profundamente sobre sua situação, surgiu dentro de Wright um novo espírito – uma necessidade de se rebelar e não aceitar o *status quo*. Quando um de seus tios ameaçou espancá-lo por uma besteira, ele decidiu que já aguentara o bastante. Embora fosse apenas uma criança, apoderou-se de duas lâminas de barbear e disse ao tio que estava preparado para morrer lutando. Nunca mais esse tio o incomodou. Vendo o poder que essa atitude lhe dera, Wright agora agia de forma mais controlada e calculada. Quando as condições de trabalho se tornavam insuportáveis, ele deixava o emprego – um sinal de impertinência aos olhos dos patrões brancos, que espalhavam a notícia pela cidade. Ele não se importava se as pessoas o vissem como alguém diferente. Tinha orgulho disso. Temendo ficar preso em Jackson, Mississippi, pelo resto da vida e ansioso para escapar para o Norte, ele cometeu um crime pela primeira e última vez, roubando o suficiente para conseguir deixar a cidade. E acreditou que o ato se justificava.

Esse espírito permeou sua vida até o fim. Como escritor de sucesso, agora vivendo em Chicago, sentia que seus romances eram mal interpretados pelo público branco, que invariavelmente encontrava uma forma de suavizar sua mensagem sobre o preconceito racial, de ver em seu trabalho somente o que queriam ver. Percebeu então que estava se contendo, ajustando suas palavras ao gosto dessas pessoas. Mais uma vez, teve que superar o medo de desagradar e escreveu um livro que não poderia ter sua mensagem distorcida, tão sombrio quanto a vida que ele havia conhecido. Assim nasceu *Filho nativo*, seu romance mais conhecido e seu maior sucesso.

O que Wright havia descoberto era muito simples: quando você se submete em espírito a seus agressores ou a uma situação injusta e insuportável, não consegue ter paz verdadeira. Ao contrário, encoraja as pessoas a seguirem abusando de você ainda mais, usando-o para seus propósitos. As pessoas percebem que você não tem respeito por si mesmo e acreditam que é justo maltratá-lo. Quando você é submisso, colhe os frutos da submissão. É preciso desenvolver a atitude oposta: uma postura combativa e inabalável que vem de dentro de você. Você impõe respeito.

Eis o que acontece: as pessoas vão tirar de nós o que puderem. Se sentirem que você aceita e se submete, não descansarão até terem criado uma relação de exploração com você. Alguns o farão abertamente; outros serão mais evasivos e passivo-agressivos. Mostre a eles que você tem limites que não podem ser ultrapassados; que eles vão pagar caro se tentarem forçar você a fazer qualquer coisa. Sua atitude tem que mostrar isso, que você é destemido e está sempre pronto para lutar. Ela irradia e pode ser identificada em seu jeito de ser, sem que você precise dizer uma só palavra. Por uma lei paradoxal da natureza humana, tentar agradar menos as pessoas aumenta a probabilidade de que elas, a longo prazo, respeitem você e o tratem melhor.

A CHAVE PARA NÃO TER MEDO

[Por]que nossa forma de viver está muito distante de como deveríamos viver, aquele que abandona o que faz por aquilo que deveria fazer aprende antes o caminho de sua ruína do que o de sua preservação. Um homem que deseje fazer da bondade uma profissão de fé em todas as coisas vai necessariamente deparar com o sofrimento em meio a tantos que não são bons. Portanto, é necessário a um príncipe que queira se preservar aprender como não ser bom, e usar ou não esse conhecimento, conforme as circunstâncias o exigirem.

— NICOLAU MAQUIAVEL

Quando se trata de moralidade, quase todos nós vivenciamos uma divisão na consciência. Por um lado, entendemos a necessidade de seguir códigos de conduta básicos, em vigor há séculos. Fazemos o máximo para viver de acordo com eles. Por outro lado, também percebemos que o mundo se tornou infinitamente mais competitivo do que o de nossos pais ou avós. Para progredir neste mundo, precisamos estar dispostos a ocasionalmente distorcer esse código moral, jogar com as aparências, encobrir a verdade a fim de parecermos melhores, manipular uma pessoa ou outra para garantir nossa posição. A cultura em geral reflete essa divisão, enfatizando os valores da cooperação e da decência, mas também nos atiçando com incontáveis histórias de indivíduos que chegam ao topo sendo mesquinhos e implacáveis. Essas histórias, propagadas à exaustão pela mídia, ao mesmo tempo nos atraem e nos repelem.

Tal divisão gera ambivalência e constrangimento em nossas ações. Não somos bons em ser bons ou maus. Quando recorremos aos atos de manipulação que são necessários, é com pouca convicção e uma dose de culpa. Não sabemos como agir dessa forma com segurança – quando desempenhar o papel mais agressivo ou até onde ir.

Nicolau Maquiavel, o grande escritor florentino do século XVI, notou em sua época um fenômeno semelhante, em outro nível. A Itália fora dividida em várias cidades-Estados que viviam disputando o poder. Era um ambiente perigoso e complicado para um líder. Ao enfrentar um estado rival, um príncipe precisava ter muito cuidado. Ele sabia que seus rivais fariam de tudo para promover os próprios interesses, como improvisar acordos para isolá-lo ou destruí-lo. Ele tinha que estar pronto para tentar qualquer manobra a fim de proteger seu estado. Ao mesmo tempo, era uma pessoa imbuída de valores cristãos. Tinha que fazer malabarismo com dois códigos de conduta – um em sua vida pessoal e outro no jogo do poder. Isso gerava desconforto. Ninguém havia de fato definido parâmetros morais de como defender e engrandecer seu estado. Se o líder fosse muito agressivo, seria malvisto e teria que arcar com as consequências. Se fosse bonzinho e cortês demais, um rival poderia invadir seu estado, levando sofrimento aos cidadãos.

Para Maquiavel, o problema não era o líder adaptar sua moralidade às circunstâncias – todo mundo fazia isso –, e sim o líder não fazer isso bem. Ser agressivo quando precisava apenas ser incisivo, ou vice-versa. Não reconhecer a tempo um estado antes amistoso que agora estava conspirando contra ele, e ter uma resposta muito desesperada. Quando uma iniciativa dá certo, as pessoas tendem a desculpar algumas táticas sujas empregadas; quando dá errado, essas mesmas táticas são minuciosamente analisadas e condenadas.

Um príncipe ou líder deve, antes de tudo, ser eficaz em suas ações e, para isso, precisa dominar a arte de saber quando e como ser mau. Isso exige coragem e flexibilidade. Quando a situação exigir, ele deve ser um leão: agressivo e direto na proteção de seu estado, ou no uso do que for necessário para proteger seus interesses. Em outras ocasiões, precisa ser uma raposa: enfrentando a situação com manobras inteligentes que disfarçam sua agressividade. E, muitas vezes, precisa se passar por um cordeiro: a criatura vista e exaltada por sua mansidão e brandura. Além disso, o príncipe deve ser mau da maneira certa, de acordo com a situação, e cuidar para que suas ações pareçam justificadas aos olhos dos súditos, reservando para os bastidores suas táticas mais ignóbeis. Ao dominar a arte de ser mau, ele a exerce com moderação e gera mais paz e poder para seus cidadãos do que o príncipe desajeitado que tenta ser bom demais.

Este deveria ser nosso modelo também. Atualmente, somos todos príncipes competindo com milhares de "estados" rivais. Temos impulsos agressivos, fome de poder. Esses impulsos são perigosos. Se os seguirmos de forma desajeitada ou de olhos fechados, podemos criar inúmeros problemas para nós mesmos. Temos que aprender a reconhecer as situações que exigem atos assertivos (ainda que controlados) e qual é o modo de ataque apropriado (raposa ou leão).

A seguir estão os inimigos e cenários mais comuns nos quais alguma forma de maldade é necessária para se defender ou se promover.

Agressores

Em 1935, alguns esquerdistas americanos estavam descontentes com as reformas do presidente Franklin Delano Roosevelt, que integraram o chamado New Deal. Acreditavam que as medidas propostas pelo plano não gerariam os resultados rápidos desejados. Assim, decidiram se unir e formar o que mais tarde seria conhecido como Union Party, a fim de reforçar seu descontentamento. Eles iriam concorrer contra Roosevelt em 1936, e era muito provável que conseguissem apoio suficiente para que os republicanos saíssem vencedores na eleição. Entre eles estavam Huey Long, o grande senador populista da Louisiana, e o padre Charles Coughlin, um sacerdote católico que tinha um programa de rádio popular. As ideias de ambos eram vagamente socialistas, atraindo muitos daqueles que se sentiam privados de direitos civis na época da Grande Depressão. Seus ataques a Roosevelt começaram a surtir efeito, e os números do presidente começaram a cair nas pesquisas. O Union Party então resolveu tornar sua campanha mais agressiva e implacável.

Em meio a tudo isso, Roosevelt permaneceu em silêncio, permitindo que a organização divulgasse suas acusações e ameaças. Seus conselheiros entraram em pânico; achavam que ele estava sendo muito passivo. Mas, para Roosevelt, aquilo fazia parte de um plano: ele estava certo de que, ao longo dos meses, o público se cansaria desses ataques. Roosevelt pressentia que, com a aproximação das eleições, as facções dentro do novo partido começariam a lutar entre si. Por isso, ele ordenou a seus colaboradores que não revidassem.

Ao mesmo tempo, começou a trabalhar nos bastidores. Na Louisiana, demitiu o máximo possível de funcionários do governo que simpatizavam com Long e os substituiu por apoiadores seus. Promoveu investigações detalhadas sobre as finanças duvidosas do senador Long. Isolou Coughlin de outros padres católicos notáveis, de modo a fazê-lo parecer um radical marginal. Introduziu leis que forçaram Coughlin a obter uma licença para levar ao ar seus programas de rádio; o governo encontrou motivos para rejeitar as licenças e silenciou-o temporariamente. Tudo isso serviu para confundir e intimidar os inimigos de Roosevelt. Como ele previra, o Union Party começou a se dividir e o público perdeu o interesse. E Roosevelt teve uma vitória estrondosa, sem precedentes, na eleição de 1936.

Roosevelt havia entendido o princípio básico de proteção contra agressores diretos e implacáveis: se encará-los de frente, você será forçado a lutar nos termos deles. A menos que você seja agressivo por natureza, estará em desvantagem contra aqueles que têm ideias simples e ferocidade. É melhor combatê-los indiretamente, ocultando suas intenções e fazendo o possível nos bastidores – longe dos olhares do público – para criar obstáculos e semear confusão. Em vez de reagir, dê espaço aos agressores para continuarem seus ataques, levando-os a se exporem e a se tornarem ótimos alvos. Se você responder com muito dinamismo e energia, vai parecer que está na defensiva. Reaja como uma raposa ao leão deles – permaneça frio e calculista, fazendo o que puder para irritá-los ainda mais e levá-los à autodestruição com sua imprudência.

Passivo-agressivos

Esses tipos são mestres do disfarce. Fingem-se de fracos e indefesos, justos e virtuosos, ou solícitos e cordiais. Isso faz com que seja difícil identificá-los à primeira vista. Eles transmitem sinais contraditórios o tempo todo – alternando entre receptividade, frieza e hostilidade –, gerando confusão e emoções conflitantes. Se você tentar chamar atenção para o comportamento deles, eles usam essa confusão para fazê-lo se sentir culpado, como se a causa do problema fosse você. Depois que o tiverem enredado nos dramas deles e você estiver emocionalmente comprometido, vai ser difícil escapar. O segredo é reconhecê-los a tempo de oferecer uma resposta à altura.

Quando a grã-duquesa Catarina (a futura Catarina, a Grande, imperatriz da Rússia) conheceu seu futuro marido, Pedro, sentiu que, no fundo, ele era uma criança inocente. O herdeiro do trono continuava brincando com soldadinhos em miniatura e tinha um temperamento petulante e irascível. Mas, assim que se casaram, em 1745, ela começou a perceber um lado diferente no caráter do marido. Na esfera privada, o casamento parecia estar indo bem, mas fontes lhe revelaram informações desagradáveis, como o fato de Pedro ter se arrependido de casar com ela e a preferência dele pela camareira de Catarina. Em quem acreditar: nas fofocas ou na aparente satisfação de seu marido quando estavam juntos? Depois de ser coroado czar Pedro III, ele passou a convidar a esposa a visitá-lo pela manhã, para em seguida ignorá-la. Quando o jardineiro real parou de entregar suas frutas favoritas, Catarina descobriu que tinha sido por ordem dele. Pedro estava fazendo de tudo para tornar a vida de Catarina amarga e humilhá-la de formas sutis.

Felizmente, Catarina logo deduziu que ele era um mestre em manipulação. Sua aparência infantil servia para desviar a atenção de sua essência mesquinha e vingativa. Seu objetivo, ela imaginou, era forçá-la a cometer alguma imprudência e, com isso, dar-lhe um pretexto para isolá-la ou livrar-se dela. Catarina decidiu aguardar o momento certo, ser o mais afável possível e conquistar aliados importantes na corte e no exército, muitos dos quais haviam começado a desprezar o czar.

Finalmente, certa do apoio de seus aliados, Catarina instigou um golpe que a livraria dele de uma vez por todas. Quando ficou evidente que o exército estava do lado de Catarina e que ele seria preso, Pedro começou a implorar à esposa: ele mudaria seu comportamento, e os dois governariam juntos. Catarina não respondeu. Ele então lhe enviou outra mensagem, na qual prometia abdicar do trono caso pudesse retornar pacificamente para sua fazenda com a amante. Catarina se recusou a negociar. Ele foi preso e assassinado pouco depois por um dos conspiradores, talvez com a aprovação da imperatriz.

Catarina era um exemplo clássico do tipo destemido. Sabia que, para lidar com indivíduos passivo-agressivos, não era conveniente deixar-se levar pelas emoções nem se envolver em suas infinitas intrigas. Se responder indiretamente, com a mesma agressividade passiva de seus adversários, você vai ficar na mão deles, pois nesse jogo eles são melhores do que você. Se for dissimulado e astuto, só aumentará as inseguranças dessas pessoas e intensificará a natureza vingativa delas. A única maneira de lidar com esses indivíduos é agir com ousadia e intransigência a fim de desencorajar novas loucuras ou afugentá-los. Pessoas assim respondem somente à influência e ao poder. Ter aliados no alto da cadeia de comando pode ajudar a afastá-los. Assim, você será um leão diante de uma raposa, que terá medo de você e verá que haverá consequências reais se continuar a desafiá-lo.

Para identificar essas pessoas, procure comportamentos radicais e artificiais: pessoas boas demais, agradáveis demais, virtuosas demais. É muito provável que esses sejam disfarces para desviar a atenção de sua verdadeira natureza. É melhor ser proativo e tomar precauções assim que sentir que pessoas desse tipo estão tentando entrar na sua vida.

Situações injustas

No início da década de 1850, Abraham Lincoln concluiu que o regime de escravização era uma vergonha para a democracia americana e que era preciso eliminá-lo. Mas, ao sondar o cenário político, ficou preocupado: os políticos de esquerda eram muito barulhentos e moralistas. Em seu fervor para promover a abolição, eles polarizariam o país, e os proprietários de pessoas escravizadas poderiam facilmente explorar essas divisões políticas para sustentar seu estilo de vida durante décadas. Lincoln era um realista inveterado; se o objetivo é acabar com uma injustiça, é preciso almejar os resultados, o que implica ser estratégico e até trapacear. Para pôr fim ao sistema de escravização, ele estava disposto a fazer quase qualquer coisa.

Chegou à conclusão de que era o político mais adequado para a causa. O primeiro passo foi mostrar uma fachada de moderação, tanto na campanha de 1860 quanto após sua eleição como presidente. Fez todos acreditarem que seu principal objetivo era preservar a União e eliminar gradativamente a escravização por meio de uma política de contenção. Quando, em 1861, a guerra se tornou inevitável, ele decidiu preparar uma armadilha inteligente para o Sul, forçando-o a um ataque ao Forte Sumter que o obrigaria a declarar guerra. Isso fez com que o Norte parecesse vítima de um ataque. Todas essas manobras foram idealizadas para manter seus partidários unidos no Norte – opor-se a ele era opor-se aos seus esforços para derrotar o Sul e preservar a União, o que deixava a questão da escravização em segundo plano. Essa frente unificada ao seu lado praticamente impossibilitou o inimigo de envolvê-lo em jogos políticos.

À medida que a guerra foi pendendo a favor do Norte, Lincoln passou a assumir posições mais radicais (formuladas na Proclamação de Emancipação e no Discurso de Gettysburg), sabendo que já tinha uma margem de manobra maior para revelar seus verdadeiros objetivos e colocá-los em prática. Ao liderar o Norte à vitória, conquistou ainda mais espaço para continuar sua campanha. Em suma, para abolir a escravização, ele estava disposto a manipular a opinião pública, ocultando suas intenções, e a lançar mão da mentira em suas estratégias políticas. Isso exigiu grande coragem e paciência, pois quase todos interpretaram mal seus propósitos e o consideraram oportunista (alguns consideram até hoje).

Diante de uma situação injusta, você tem duas opções: uma delas é proclamar em voz alta sua intenção de derrotar quem estiver por trás dela e, no processo, projetar uma imagem de bondade e nobreza. Mas, no fim, isso tende a gerar polarização no público (você cria um inimigo ferrenho para cada apoiador que recruta para a causa) e tornar óbvias suas intenções. Se o inimigo for habilidoso, será quase impossível derrotá-lo. Mas, se o que busca são resultados, aprenda a ser uma raposa, libertando-se de sua pureza moral. Resista à tentação de ser emotivo e adote posições estratégicas destinadas a obter o apoio público. Mude sua postura de acordo com as circunstâncias, engajando o inimigo em ações que conquistem simpatia para sua causa. Esconda suas verdadeiras intenções. Imagine-se em uma guerra: você é convocado para fazer o que for preciso para derrotar o inimigo. Não existe nobreza na derrota quando se permite que uma injustiça prevaleça.

Situações estáticas

Em qualquer empreendimento, as pessoas logo criam regras e convenções a serem seguidas. Com frequência, isso é necessário para incutir ordem e disciplina. Entretanto, na maior parte das vezes, essas regras e convenções são arbitrárias – baseiam-se em algo que funcionou no passado, mas pode ter pouca relevância no presente. Não raro, são instrumentos para preservar o controle e manter a unidade do grupo por parte de quem está no poder. Mas, se persistirem, essas regras se tornarão embrutecedoras e eliminarão todas as novas maneiras de fazer as coisas. Em tal situação, exige-se a destruição completa dessas convenções mortas, abrindo espaço para algo novo. Em outras palavras, é preciso ser um leão por completo, em todas as suas acepções.

Foi assim que vários músicos negros importantes de jazz – entre eles Charlie Parker, Thelonious Monk e Dizzy Gillespie – reagiram às convenções musicais rígidas nos anos 1940. Após seu início mais despreocupado, o jazz foi cooptado por artistas e públicos brancos. As variantes que se tornaram mais populares – as *big bands*, o *swing* – eram mais controladas e regulamentadas. Para ganhar dinheiro na indústria musical, era preciso seguir as regras e tocar esses gêneros populares. No entanto, mesmo os músicos negros que seguiam as convenções recebiam muito menos do que seus colegas brancos. A única maneira de evitar essa situação opressora era destruí-la com um ritmo inteiramente novo, nesse caso, com algo que mais tarde ficou conhecido como *bebop*. Esse novo gênero contradizia todas as normas vigentes. Era uma música arrojada e improvisada. À medida que se popularizava, dava aos músicos espaço para que tocassem à sua maneira, assim como algum controle sobre sua carreira. A situação estática foi assim destruída, deixando o terreno aberto para as grandes inovações do jazz das décadas de 1950 e 1960.

Em geral, respeite menos regras estabelecidas pelos outros. Elas não se adequam necessariamente ao tempo atual ou ao seu temperamento. Além disso, quem inaugura uma nova ordem pode alcançar grande poder.

Dinâmicas impossíveis

Na vida, você às vezes se vê em uma situação negativa que não pode melhorar, por mais que tente. Talvez você se veja trabalhando para pessoas que não tenham um pingo de sensatez. As atitudes delas parecem não ter nenhum outro propósito além de impor seu poder e dificultar a sua vida. Tudo que você faz está errado. Ou pode ser um relacionamento em que você é constantemente forçado a salvar o outro. Em geral esse tipo de relacionamento envolve pessoas que se apresentam como vítimas frágeis, que precisam de atenção e ajuda. Elas transformam tudo em drama. Não importa o que você faça, a necessidade delas de serem resgatadas nunca cessa.

É possível reconhecer essa dinâmica quando você se vê nutrindo uma necessidade emocional de resolver o problema da pessoa ou uma situação, além de uma frustração absoluta por não encontrar uma solução razoável. A verdade é que a única atitude efetiva é colocar um ponto-final no relacionamento – sem discutir, sem negociar nem fazer concessões. Largue seu emprego (sempre haverá outro); deixe a pessoa que o atormenta de forma definitiva. Resista à tentação de sentir culpa. Afaste-se o máximo possível para que essa pessoa não possa provocar em você essas emoções. É preciso agir como se ela estivesse morta, pois só assim você vai poder dar continuidade à sua vida.

Mudança de perspectiva

Evitamos confrontos com tanto afinco porque eles revolvem muitas emoções desagradáveis. Ficamos pessoalmente ofendidos quando alguém quer nos machucar ou nos prejudicar. Isso nos leva a nos questionarmos sobre nós mesmos e gera insegurança. Será que de alguma forma merecíamos isso? Quando passamos por vários desses momentos desagradáveis, ficamos cada vez mais ariscos. Mas, na realidade, trata-se de um problema de percepção. Em meio à nossa turbulência interna, tendemos a exagerar as intenções negativas de nossos adversários. Levamos os conflitos para o lado pessoal. As pessoas carregam traumas e problemas desde a infância. Com frequência, quando fazem algo para nos prejudicar ou atrapalhar, não o fazem contra nós pessoalmente. Sua atitude é motivada por algum problema não resolvido do passado ou por inseguranças profundas. Nós apenas cruzamos o caminho delas no momento errado.

É essencial que você desenvolva a perspectiva inversa: a vida naturalmente envolve interesses conflitantes; as pessoas têm seus próprios problemas, seus próprios interesses, que muitas vezes batem de frente com os seus. Em vez de levar para o lado pessoal ou de se preocupar com as intenções das pessoas, apenas trabalhe para se proteger e se promover nesse jogo competitivo, nessa arena sangrenta. Concentre sua atenção nas manobras dessas pessoas e em como se desviar delas. Quando tiver que recorrer a algo que talvez seja considerado antiético, pense que se trata apenas de mais uma manobra no jogo, nada por que você deva sentir culpa. Aceite a natureza humana e a ideia de que as pessoas recorrerão à agressividade. Essa perspectiva calma e imparcial facilitará a elaboração da estratégia perfeita para atenuar essa agressividade. Como suas emoções sairão intactas dessas batalhas, você se acostumará com elas e pode até extrair algum prazer de travá-las bem.

No ringue, nossos adversários podem nos ferir com as unhas ou nos dar uma cabeçada e nos contundir, mas não os denunciamos nem nos zangamos com eles ou os consideramos violentos a partir daí. A única coisa que fazemos é não os perder de vista [...] embora não por ódio ou desconfiança. Simplesmente mantemos uma distância segura. Precisamos fazer o mesmo em outros campos. Precisamos desculpar o que nossos adversários fazem e apenas manter distância – sem ódio nem desconfiança.

— MARCO AURÉLIO

6

Seja um líder – Autoridade

Em qualquer grupo, quem está no topo, consciente ou inconscientemente, dá o tom. Se os líderes se mostram temerosos, hesitam em correr riscos ou se preocupam demais com ego e reputação, essa atitude invariavelmente se infiltra em todo o grupo e impossibilita a realização de ações efetivas. Reclamar e importunar as pessoas para que se esforcem é contraproducente. Adote o estilo oposto: instile nas suas tropas o espírito certo com ações, não palavras. Deixe que vejam que você se esforça mais do que qualquer outro, mantém os mais altos padrões, assume riscos com confiança e toma decisões difíceis. Isso vai inspirar e unir o grupo. Nestes tempos de democracia, é preciso praticar o que se prega.

O REI DOS TRAFICANTES

Ninguém pode comandar um exército pela retaguarda. É preciso estar no front [...] bem na frente das tropas. É lá que o líder deve ser visto, e o efeito de sua mente e de sua energia pessoal deve ser sentido por todo oficial e homem ali presente.
— GENERAL WILLIAM T. SHERMAN

Na primavera de 1991, o jovem Curtis Jackson havia provado ser um dos traficantes mais sagazes do pedaço. Sua carteira de clientes recorrentes havia crescido tanto que ele precisou contratar sua própria equipe para atender a demanda. Mas, como ele bem sabia, no tráfico, nada que é bom dura muito. Justamente quando Curtis fazia planos de expandir suas operações, um traficante mais antigo chamado Wayne começou a ameaçá-lo. Wayne tinha acabado de sair da prisão; estava decidido a ganhar muito dinheiro o mais rápido possível e, em seguida, dominar o tráfico. Wayne viu em Curtis seu principal rival. Tentou intimidá-lo, até, advertindo-o de que era melhor reduzir suas operações ou pagaria caro. Curtis o ignorou. Wayne decidiu então subir a aposta: espalhou a notícia de que mandaria matá-lo.

Não era a primeira vez que Curtis via aquilo acontecer, e sabia o que viria a seguir: Wayne não executaria pessoalmente a ameaça; não podia correr o risco de voltar para a prisão. Porém, sabia que alguém jovem ouviria falar de seu desejo de matar Curtis e, ávido por conquistar alguma credibilidade na rua, assumiria a responsabilidade de fazer o trabalho sujo. E, de fato, dias depois de ser informado das intenções de Wayne, Curtis notou que estava sendo seguido por um jovem chamado Nitty. Ele tinha certeza de que Nitty estava planejando o crime e que o executaria em breve.

Esta era a dinâmica deprimente do tráfico nas ruas: quanto mais sucesso você tem, mais atenção (do tipo errado) recebe. A menos que inspirasse medo e terror, os rivais continuariam indo atrás dele, tentando tomar o que era seu e ameaçando continuamente sua posição nas ruas. Uma vez que isso começava a acontecer, o traficante, antes bem-sucedido, se via envolvido em um ciclo de violência, represálias e prisão.

Alguns traficantes, entretanto, haviam conseguido romper a dinâmica. Eles eram os reis das ruas – bastava ouvir seu nome ou vê-los na rua para ter uma reação visceral, uma mistura de medo e admiração. O que os fazia serem superiores aos outros era uma série de atitudes que tiveram no passado e que demonstravam sua coragem e inteligência. Suas manobras eram imprevisíveis e, por isso mesmo, aterrorizantes. Quando alguém pensava em desafiá-los, logo lembrava o que eles haviam feito em outras circunstâncias e acabava desistindo. Tudo isso envolvia esses chefões em uma aura de poder e mistério. Em vez de rivais por todos os lados, eles tinham discípulos dispostos a segui-los aonde quer que fossem. Se Curtis se considerava rei, era hora de mostrar isso aos outros, e da forma mais dramática possível.

Com a morte em seu encalço, ele se esforçou para controlar suas emoções e refletiu a fundo sobre o dilema que Wayne lhe havia imposto. Se fosse atrás de Wayne para matá-lo primeiro, iria encontrá-lo preparado, com o pretexto perfeito para matar Curtis em legítima defesa. Se, em vez disso, fosse atrás de Nitty e o matasse, a polícia o pegaria e Curtis acabaria passando um longo tempo na prisão, um resultado igualmente favorável a Wayne. Se Curtis não fizesse nada, Nitty o mataria. No entanto, a estratégia de Wayne tinha uma falha fatal: o medo de fazer o trabalho com as próprias mãos. Ele não era um rei, apenas mais um traficante assustado, fingindo ser durão. Curtis decidiu ir atrás dele de um ângulo inesperado e mudar tudo.

Sem perder mais tempo, numa tarde pediu a Tony, um dos membros da sua equipe, que o acompanhasse. Juntos, eles surpreenderam Nitty na rua e, enquanto Tony o segurava, Curtis cortou o rosto dele com uma navalha. O corte foi profundo a ponto de mandá-lo aos gritos para o hospital e deixar uma bela cicatriz durante um tempo. Então, horas depois, ele e Tony encontraram o carro vazio de Wayne e dispararam contra ele – uma mensagem ambígua que significava que esperavam que ele estivesse lá dentro ou que o estavam desafiando a atacá-los às claras.

No dia seguinte, aconteceu exatamente o que Curtis havia planejado. Nitty procurou Wayne na expectativa de que os dois fossem juntos se vingar de Curtis – afinal, Wayne também havia sido atacado. Wayne, porém, insistia que Nitty seguisse com o plano sozinho. O jovem então se deu conta do jogo: ele era o trouxa que faria o trabalho sujo, e Wayne não era tão durão quanto parecia. Nitty não queria mais nada com ele, mas também tinha medo de enfrentar Curtis sozinho. Decidiu então que poderia conviver com a cicatriz. Agora Wayne estava em uma posição delicada. Se pedisse a outro que matasse Curtis, a situação começaria a parecer o que era: que Wayne era covarde demais para fazer, ele mesmo, o trabalho sujo. Melhor esquecer tudo.

Nos dias que se seguiram, o bairro foi agitado pela história do que acontecera. O jovem Curtis fora mais esperto que o rival mais velho. Ao contrário de Wayne, ele não tinha medo de praticar ele mesmo a violência. Sua resposta fora dramática e audaciosa – e viera do nada. Sempre que vissem Nitty na rua com a longa cicatriz no rosto, as pessoas se lembrariam do incidente. Os rivais de Curtis agora teriam que pensar duas vezes antes de desafiar seu status; ele tinha demonstrado força e habilidade. E seu pessoal estava impressionado com sua frieza e com a reviravolta no caso. Agora eles o viam sob uma nova luz, como alguém capaz de sobreviver naquela selva e digno de ser seguido.

Curtis continuou praticando atos semelhantes e, aos poucos, foi ganhando fama e se destacando dos demais traficantes. Assim, conquistou a admiração de muitos jovens, que logo formariam o núcleo de um fervoroso grupo de discípulos que o ajudaria a fazer a transição para o mundo da música.

Após o sucesso de seu primeiro álbum em 2003, Curtis (já conhecido como 50 Cent) começou a realizar seu sonho de construir um império. Mas, à medida que isso tomava forma nos meses e anos que se seguiram, ele começou a sentir que havia algo errado. Era lógico supor que, com sua fama e posição, quem trabalhava para ele o seguiria sem questionamentos e faria o que ele quisesse. Mas sua vida toda fora uma aula sobre o oposto: as pessoas sempre tiram de você, duvidam de seu poder e o desafiam.

Nesse ambiente, seus executivos e produtores não estavam tentando tirar seu dinheiro nem sua vida, mas Curtis tinha a impressão de que estavam minando seu poder, tentando enfraquecer sua imagem e torná-lo mais corporativo e previsível. Se ele permitisse que isso continuasse, perderia a única qualidade que o tornava diferente: a propensão a assumir riscos e fazer o inesperado. Ele poderia se tornar um investimento seguro, mas deixaria de ser um líder e uma força criativa. Nesse mundo não se pode relaxar e descansar sobre os louros de seu nome, conquistas passadas, título, nada. É preciso lutar para impor sua diferença e convencer as pessoas a seguir sua liderança.

Todas essas ideias se tornaram dolorosamente claras para ele em meados de 2007. O lançamento do seu terceiro álbum, *Curtis*, estava programado para setembro, mas todos pareciam letárgicos. A gravadora, a Interscope, estava agindo como se o álbum fosse se vender sozinho. A equipe de gestão de Fifty havia elaborado uma campanha de divulgação que ele considerou muito branda, passiva e corporativa. Eles estavam tentando controlar demais o processo. Foi então que, em uma tarde de agosto, um funcionário da G-Unit Records (selo de Fifty na Interscope) lhe disse que um vídeo do álbum a ser lançado havia vazado na internet. Caso se espalhasse, prejudicaria o bem orquestrado lançamento, que estava programado para aquele mês. Fifty foi o primeiro a saber e, pensando em como agir, decidiu que era hora de se livrar dessa dinâmica, fazer o imprevisível e assumir seu lugar de traficante rei.

Chamou à sua sala a equipe de rádio e internet da G-Unit. Em vez de tentar conter o compartilhamento desenfreado do vídeo – a reação usual a tal problema, e o que a equipe de gestão defenderia que fosse feito –, ordenou que vazassem o vídeo sub-repticiamente para outros sites e o deixassem se espalhar como fogo em palha.

Além disso, eles também inventaram o seguinte boato para o consumo de jornalistas e do público: Fifty tinha ficado furioso ao saber do vazamento. Arremessou o telefone contra a janela com tanta força que o quebrou. Arrancou a TV de plasma da parede e a jogou no chão. Então deixou o prédio em um surto, e a última coisa que o ouviram gritar foi que estava se desligando de tudo e estava saindo de férias. Naquela noite, por ordem dele, o zelador do prédio tirou fotos dos danos (encenados para esse fim), que foram então "vazados" na internet. Tudo tinha que ser sigiloso; nem a gerência deveria saber que era pura encenação.

Nos dias que se seguiram, Fifty observou com satisfação o boato se espalhar. A Interscope acordou. A gerência entendeu a mensagem de que quem estava no comando agora era ele – se Fifty se recusasse a fazer mais publicidade, como havia ameaçado, toda a campanha da gravadora estaria condenada. Tinham que seguir a liderança de Fifty e permitir que ele desse o tom da campanha de divulgação, o que significava fazer algo mais agressivo e fluido. Os executivos e funcionários de Fifty logo ficaram sabendo o que supostamente havia acontecido – sua reputação de ser imprevisível e violento ganhou vida. Agora, toda vez que o viam nos escritórios, sentiam uma pontada de medo. Era melhor prestarem atenção ao que ele queria, se quisessem evitar o risco de testemunhar uma explosão de raiva. Esse também era exatamente o tipo de história que o público esperava do rapper bandido. Isso chamava a atenção deles. O público ria da atitude descontrolada de Fifty, sem se dar conta de que ele, que orquestrara a cena, riria por último.

A ABORDAGEM DESTEMIDA

Quando cheguei ao topo nos negócios, me ajustei à minha nova posição – fiquei ainda mais ousado e maluco do que antes. E passei a dar ainda menos ouvidos aos que queriam me desacelerar.

— 50 CENT

Ao longo da história, testemunhamos o seguinte padrão: algumas pessoas se destacam na multidão por terem uma habilidade ou talento especial. Talvez sejam mestres no jogo político e saibam como encantar e conquistar os aliados adequados. Ou talvez tenham um conhecimento técnico superior na área em que atuam. Ou talvez sejam aqueles que iniciam um negócio ousado que dá certo. De toda forma, de uma hora para outra esses tipos se veem em posições de liderança, algo para o qual sua experiência e formação não os prepararam.

Agora, sozinhas e no topo, cada decisão que tomam, cada atitude que adotam é minuciosamente examinada pelo grupo e pelo público em geral. As pressões podem ser enormes. E o que inevitavelmente acontece é que muitas delas sucumbem, de forma inconsciente, a todo tipo de medo. Se antes eram ousadas e criativas, agora passam a ser cautelosas e conservadoras, cientes de que há mais coisas em jogo. Temendo secretamente serem responsabilizadas pelo sucesso ou fracasso do grupo, delegam demais, perguntam a opinião de todos ou se abstêm de tomar as decisões difíceis. Ou então se tornam excessivamente ditatoriais e tentam controlar tudo – outro sinal de fraqueza e insegurança. É o caso de grandes senadores que viram maus presidentes, tenentes ousados que se tornam generais medíocres e gerentes de alto nível que se revelam executivos incompetentes.

Entretanto, nesse grupo há, invariavelmente, alguns que demonstram o contrário: mostram que estão à altura da posição que ocupam, manifestam habilidades de liderança extraordinárias que ninguém havia suspeitado que possuíam. Nesse grupo estão indivíduos como Napoleão Bonaparte, Mahatma Gandhi e Winston Churchill. O que eles têm em comum não é uma habilidade ou conhecimento misterioso, mas um traço de caráter, uma forma de ser que revela a essência da arte de liderar. São pessoas destemidas. Elas não têm medo de tomar decisões difíceis – ao contrário, parecem gostar dessa responsabilidade. Não se tornam conservadores de uma hora para a outra, mas demonstram propensão a tomar atitudes ousadas e grande elegância sob fogo cruzado.

Essas pessoas compreendem, cada um à sua maneira, que um líder dispõe de um poder excepcional, geralmente inexplorado. Os grupos tendem a assumir o espírito e a energia de seu líder. Se ele for fraco e passivo, o grupo tenderá a se dividir em facções. Se não for autoconfiante, sua insegurança se refletirá nos subordinados. Seu nervosismo e irritabilidade deixarão todos angustiados. No entanto, sempre existe a possibilidade oposta. Um líder audacioso, que se mantém na linha de frente e define o tom e os interesses do grupo, gera mais energia e segurança. Pessoas assim no topo não precisam gritar nem pressionar ninguém; seus subordinados seguem suas coordenadas de bom grado, pois seus exemplos são fortes e inspiradores.

Na guerra, onde as habilidades de liderança são mais evidentes e necessárias porque há vidas em jogo, podemos distinguir dois estilos de liderança:

a que vem da retaguarda e a que vem do front. Os generais do primeiro tipo gostam de ficar em sua barraca ou no quartel dando ordens, convencidos de que esse distanciamento facilita o comando. Esse estilo também pode envolver a participação de tenentes e outros generais em decisões importantes, numa liderança coletiva. Em ambos os casos, o comandante tenta se esconder do escrutínio, da responsabilidade e do perigo. No entanto, os maiores generais da história são, invariavelmente, aqueles que assumem a liderança no front, sozinhos. Podem ser vistos pelas tropas à frente do exército, expostos ao mesmo destino de um soldado de infantaria. O duque de Wellington afirmou que a mera aparição de Napoleão à frente de seu exército se traduziu no equivalente a 40 mil homens a mais. Uma espécie de carga elétrica percorre as tropas: o general compartilha seus sacrifícios, dá o exemplo. E isso tem conotações quase religiosas.

Nos negócios e na política, também encontramos esses dois estilos de liderança. Os executivos que ficam na retaguarda sempre tentarão disfarçar sua escolha como uma virtude: a necessidade de sigilo ou o desejo de serem mais justos e democráticos. Mas, na realidade, esse estilo é produto do medo e, não raro, leva ao desrespeito por parte dos subordinados. O estilo oposto, a liderança do front e pelo exemplo, tem a mesma força no escritório que no campo de batalha. Os líderes que trabalham com mais empenho que todos, que praticam o que pregam e que não temem a responsabilidade de tomar decisões difíceis ou de assumir riscos descobrirão que criaram um reservatório de respeito que lhes renderá enormes dividendos mais à frente. Eles podem pedir sacrifícios, punir desordeiros e cometer erros ocasionais sem enfrentar as queixas e dúvidas habituais. Não precisam gritar, reclamar nem forçar seus subordinados, que os obedecerão de bom grado.

Em meios urbanos como o Southside Queens, o respeito é uma questão de extrema importância. Em outros meios, a história pessoal, a experiência, o grau de instrução ou o currículo podem conferir autoridade e credibilidade; nas ruas, não. Lá, todos começam do zero. Para conquistar o respeito dos pares, é preciso provar dia após dia o seu valor. As pessoas estão sempre propensas a duvidar das suas habilidades e do seu poder. Você precisa provar que tem o que é preciso para prosperar e perdurar. Palavras e promessas grandiosas nada significam; o que importa são as atitudes. Se você é autêntico, e tão forte quanto aparenta ser, conquistará o tipo de respeito que fará com que as pessoas mantenham a distância, tornando sua vida muito mais fácil.

Essa também deve ser a sua perspectiva. Você parte do nada neste mundo. Títulos, dinheiro ou privilégios herdados na realidade são obstáculos. Eles o iludem, fazendo você acreditar que as pessoas lhe devem respeito. Se insistir em impor sua vontade por causa desses privilégios, as pessoas vão acabar desprezando-o e menosprezando-o. Somente suas atitudes podem provar seu valor. São elas que dizem às pessoas quem você é. Você precisa imaginar que, a todo momento, está sendo desafiado a mostrar que merece a posição que ocupa. Em uma cultura repleta de falsidades e modismos, você se destacará como uma pessoa autêntica e digna de respeito.

Os maiores líderes da história aprenderam na prática a lição a seguir: é muito melhor ser temido e respeitado do que amado. Um excelente exemplo disso é o cineasta John Ford, o homem por trás de alguns dos melhores filmes da história de Hollywood. A tarefa de um diretor de cinema pode ser particularmente difícil. Ele tem que lidar com uma equipe de filmagem numerosa, atores com ego frágil e produtores ditatoriais que querem opinar em cada detalhe, tudo isso enquanto enfrentam prazos apertadíssimos e com grandes somas em jogo. A tendência dos diretores é ceder terreno nesses vários campos de batalha – apaziguar e bajular os atores, deixar os produtores fazerem o que quiserem aqui e ali, e serem simpáticos e gentis para conseguir que as pessoas cooperem.

Ford era sensível e compreensivo por natureza, mas aprendeu que, quando revelava esse lado da sua personalidade, logo perdia o controle do produto final. Atores e produtores começavam a dar pitaco em tudo e o filme perdia toda a coesão. Ele percebeu que os diretores que se mostravam gentis não duravam muito – todos mandavam neles, e seus filmes eram péssimos. Assim, ainda no início de sua carreira, ele concluiu que teria que criar uma espécie de máscara para si mesmo – a de um homem implacável e até um tanto intimidador.

No set de filmagem, deixou claro que não era o estereótipo do diretor difícil. Trabalhava mais do que todos. Se estivessem filmando em locais inóspitos, dormia numa barraca como todo mundo e compartilhava da comida ruim. De vez em quando saía no braço no set, principalmente com os atores principais, como John Wayne. Eram brigas de verdade, violentas.

Ford colocava nelas todo o seu vigor e forçava os atores a se defenderem com força igual. Aquilo definia o tom: os atores acabavam ficando constrangidos ao lidarem com o comportamento exigente e as explosões de Ford. Todos eram tratados da mesma maneira. Ford gritou até com o arquiduque da Áustria – que tentou a carreira de ator em Hollywood.

Ford tinha uma maneira singular de dirigir atores. Dizia apenas algumas palavras, muito bem escolhidas, sobre o que queria deles. Se não fizessem a coisa certa no set, ele os humilhava diante de todos. Eles rapidamente aprendiam a prestar atenção nas poucas palavras que o diretor proferia e na sua linguagem corporal no set, que muitas vezes era mais expressiva do que suas palavras. Logo, os atores tinham que se concentrar mais e dar mais de si no papel. Certa vez, o famoso produtor Samuel Goldwyn visitou o set e explicou a Ford que só queria vê-lo trabalhar (uma forma de os produtores espionarem e pressionarem). O diretor não disse uma palavra. Mas, no dia seguinte, foi visitar Goldwyn em seu escritório e sentou-se em silêncio em uma cadeira diante da mesa dele, fulminando-o com o olhar. Depois de um tempo, Goldwyn perguntou, exasperado, o que ele estava fazendo. Ford respondeu que só queria vê-lo trabalhar. Nunca mais Goldwyn apareceu no set de filmagem, aprendendo na marra a respeitar o espaço de Ford.

Tudo isso surtia um efeito estranho e paradoxal no elenco e na equipe técnica. Eles acabavam adorando trabalhar com Ford e faziam de tudo para conseguir um lugar no seleto grupo que seria convocado em uma nova produção. Ford tinha padrões tão elevados que todos eram forçados a trabalhar mais, o que os tornava melhores atores e técnicos. Vindo de Ford, um elogio ou uma demonstração de simpatia tinham um peso enorme e eram lembrados pelo resto da vida. O resultado de seu estilo durão e inflexível era que ele exercia mais controle sobre o produto final do que quase qualquer outro diretor, e seus filmes tinham uma qualidade altíssima e inegável. Ninguém ousava desafiar sua autoridade, e ele seguiu sendo o rei do faroeste e dos filmes de ação em Hollywood durante mais de quarenta anos, um feito inédito na indústria do cinema.

Entenda: ser um líder geralmente significa tomar decisões difíceis e levar as pessoas a fazerem coisas contra a vontade delas. Se, por medo de desagradar, você escolher um estilo de liderança gentil, agradável e dócil, terá cada vez menos espaço para levar as pessoas a trabalharem mais ou a fazerem sacrifícios. Se, de uma hora para outra, você tentar ser enérgico, as pessoas ficarão magoadas e chateadas, vão levar para o pessoal. Elas podem passar do amor ao ódio. A abordagem oposta gera o resultado oposto. Se você tiver a reputação de ser rigoroso e eficiente, as pessoas poderão ficar ofendidas, mas você estabelecerá uma base de respeito. Demonstrará qualidades de liderança genuínas que vão beneficiar a todos. Com tempo e uma autoridade sólida, você tem espaço para ceder e recompensar as pessoas, e até mesmo ser simpático com elas. Ao fazê-lo, seu gesto será considerado sincero, não uma tentativa de fazer com que as pessoas gostem de você, e terá o dobro do efeito.

A CHAVE PARA NÃO TER MEDO

É uma regra geral da natureza humana que as pessoas desprezem quem as trata bem e admirem aqueles que não fazem concessões.
— TUCÍDIDES

Milhares de anos atrás, nossos ancestrais mais primitivos se reuniam em grupos em busca de poder e proteção. À medida que se tornaram mais numerosos, porém, esses grupos enfrentaram um problema da natureza humana que nos atormenta até hoje. Os indivíduos têm diferentes níveis de talento, ambição e assertividade; seus interesses não convergem necessariamente em todos os pontos. Quando decisões importantes das quais depende o destino de um povo precisam ser tomadas, seus membros tenderão a pensar em seus próprios interesses. Um grupo de seres humanos está sempre prestes a se fragmentar em um caos de interesses divergentes.

Por essa razão, passa a escolher líderes capazes de tomar decisões difíceis e pôr fim a todas as divergências. Mas era inevitável que os membros de um povo tivessem sentimentos contraditórios em relação aos líderes. Eles sabiam que os líderes eram necessários e que sua autoridade deveria ser respeitada, mas temiam que os chefes dos clãs e reis acumulassem poder demais e os oprimissem. Muitas vezes, perguntavam-se por que uma determinada pessoa ou família merecia uma posição tão elevada. Em muitas culturas antigas, era praxe matar o rei ritualisticamente depois de alguns anos para que ele não se tornasse um opressor. Em civilizações antigas mais avançadas, havia rebeliões constantes contra quem estava no poder – muito mais intensas e frequentes do que as que vimos nos tempos modernos.

Entre os antigos líderes que tiveram que lidar com essas dificuldades, ninguém se destaca tanto quanto Moisés, que havia sido escolhido por Deus para libertar os hebreus da escravização no Egito e conduzi-los à Terra Prometida. Embora os hebreus sofressem no Egito, tinham relativa segurança lá. Moisés os arrancou daquela vida previsível e os levou a vagar durante quarenta anos no deserto, onde sofreram com a falta de comida, abrigo e confortos básicos. Eles duvidavam constantemente de Moisés, chegando até a odiá-lo – alguns conspiraram para matá-lo, vendo-o como o rei opressor e louco que precisava ser sacrificado. Para ajudar sua causa, Deus realizava milagres periódicos, mostrando que Moisés havia sido escolhido e abençoado, mas esses milagres eram logo esquecidos, e os hebreus retornavam à teimosia e às reclamações intermináveis.

Para superar os obstáculos aparentemente intransponíveis em seu caminho, Moisés recorreu a uma solução peculiar: uniu as doze tribos, permanentemente divididas, em torno de uma única e simples causa – um Deus para adorar e a meta factível de chegar à Terra Prometida. Ele não estava em busca de poder ou glória, queria apenas guiar aquelas pessoas ao objetivo que tanto almejavam. Ele não podia se dar ao luxo de se ausentar por um ou dois dias ou afrouxar sua liderança. As tribos estavam sempre propensas a duvidar dele e a esquecer o quadro mais amplo, a razão de seu sofrimento. Em hebraico, a palavra "liderar" significa "estar na frente, levar". Moisés precisou sempre estar na vanguarda, unificando as tribos em torno da visão da Terra Prometida. Isso significava ser implacável com os dissidentes, condenando à morte famílias inteiras que atrapalhavam a causa.

Em suma, Moisés aprendeu a desempenhar um papel para os hebreus: o de um homem que tinha uma visão divina, de espírito indomável, agindo em nome de um bem maior. Qualquer membro das tribos teria se perguntado se a Terra Prometida não era algo que só existia na cabeça de Moisés, mas sua convicção e sua determinação em liderar seu povo à Terra Prometida tornava difícil duvidar dele. Moisés teve que dar tudo de si ao desempenhar esse papel para convencê-los de que sua posição de líder era legítima e sancionada por

Deus. Sua capacidade de liderar aquele grupo rebelde por quarenta anos deve ser considerada o maior feito de liderança da história.

Nós, hoje, acreditamos estar muito distantes de nossas origens primitivas. Afinal, vivemos em um mundo secular e racional. Hoje, um líder deve possuir certas habilidades técnicas e gerenciais. Mas três mil anos de civilização não foram suficientes para mudar a natureza humana; na verdade, as inúmeras dificuldades que importunavam líderes como Moisés só se tornaram mais agudas. Talvez antes pensássemos primeiro na tribo, mas hoje pensamos principalmente em nós mesmos, em nossa carreira e em nossos interesses restritos. As intrigas no ambiente de trabalho são a extremidade oposta dessa tendência.

Estamos hoje mais distraídos do que nunca, pois milhares de dados competem por nossa atenção no decorrer de um único dia. Isso nos torna impacientes e menos capazes de enxergar o contexto geral. Se estivéssemos sendo guiados para fugir da escravização, só conseguiríamos nos concentrar na Terra Prometida por alguns minutos. E somos ainda mais céticos em relação às autoridades. Ainda sentimos aquela velha ambivalência em relação aos governantes. Entretanto, em vez de sacrificá-los, deixamos com os meios de comunicação e as redes sociais a incumbência de escorraçá-los e nos regozijamos com sua queda. Hoje, ser líder significa superar esses aspectos da natureza humana e ao mesmo tempo aparentar ser justo e decente, tarefa quase impossível.

Ao mesmo tempo, as pessoas acreditam que essa divisão e esse egoísmo são um fenômeno deprimente. Elas querem desesperadamente acreditar em uma causa, trabalhar pelo bem maior, seguir um líder que consiga imbuí-las com um senso de propósito. São mais do que receptivas ao tipo de liderança quase religiosa personificado por Moisés. Quando está no topo, você precisa se despir de seus preconceitos modernos, do fetichismo por meios técnicos. Ser líder continua significando desempenhar um papel à frente, empurrando o grupo adiante com destemor. Se não conseguir unir seus seguidores em torno de uma causa gloriosa, algo equivalente à Terra Prometida, você vai descobrir que terá que conduzir seus seguidores, que se dividem constantemente em facções, de um lado para o outro. É preciso então assumir um ar profético, como se simplesmente tivesse sido escolhido para guiá-los a um objetivo maior. Assim, você os convencerá a marchar atrás de você por vontade própria, destacando menos seu poder pessoal e mais a causa que une todos eles. Isso lhe dará a autoridade certa para liderar, assim como uma aura de poder.

Para dominar a arte da liderança, você deve desempenhar alguns papéis que impressionarão seus discípulos e aumentarão a chance de o seguirem com o entusiasmo necessário. Aqui estão os quatro papéis principais que você deve aprender a desempenhar.

O visionário

No começo do século XX, Thomas Alva Edison era considerado o principal inventor e cientista dos Estados Unidos. De seus laboratórios de pesquisa saíram alguns dos avanços tecnológicos mais importantes da época. Mas a verdade é que Edison teve apenas alguns meses de educação formal, e nem cientista era. Pelo contrário, ele era um misto de visionário, estrategista e empresário sagaz.

Seu método era simples: vasculhava o mundo em busca dos últimos avanços em ciência e tecnologia. Com seu conhecimento de negócios e as mais recentes tendências da sociedade, avaliava cuidadosamente como alguns desses avanços poderiam se traduzir em produtos de grande apelo comercial que mudariam o estilo de vida das pessoas: luz elétrica para iluminar as cidades, telefones para facilitar o comércio, filmes para entreter as massas. Em seguida, ele contratava as melhores mentes nessas áreas para dar vida a suas ideias. Todos os produtos que saíam de seu laboratório tinham inevitavelmente a marca de sua visão particular e de seu pensamento estratégico.

Entenda: para funcionar adequadamente, um grupo, de qualquer tamanho, precisa ter metas e objetivos de longo prazo. No entanto, a natureza humana é um grande entrave nesse sentido. É natural que batalhas e problemas imediatos nos consumam; nessas situações, achamos dificílimo, forçado até, nos concentrarmos no futuro. Pensar no futuro requer um processo mental específico que vem com a prática. Significa visualizar algo útil e factível com vários anos de antecedência e elaborar um plano de como essa meta pode ser alcançada. Significa pensar em ramificações, criar vários caminhos para chegar lá, dependendo das circunstâncias. Significa apegar-se emocionalmente a essa ideia, de modo que, quando milhares de distrações e interrupções parecerem desviá-lo do caminho, você tenha a força e o propósito para seguir adiante.

Sem uma pessoa no topo para traçar o caminho até esse objetivo grandioso, o grupo ficará perambulando de um lado para o outro, aproveitando esquemas para conseguir dinheiro fácil, ou será movido pelas aspirações políticas limitadas de um integrante ou de outro. Mas nunca fará nada de grandioso. Como líder, você é o único bastião contra essa perambulação sem fim. Precisa ter força para imprimir no grupo sua personalidade e visão, conferindo-lhe substância e identidade. Se perder de vista o quadro geral, os resultados serão ruins.

Você precisa desempenhar esse papel visionário com um estilo dramático, como Edison, que era ao mesmo tempo *performer* e promotor. Edison apresentava suas ideias de forma deslumbrante e organizava eventos que o levavam às manchetes dos jornais. Como Moisés ao descrever a Terra Prometida, ele pintava uma imagem tentadora do futuro que suas invenções ajudariam a criar. Isso atraía dinheiro de investidores e inspirava seus pesquisadores a se dedicarem ainda mais. O seu nível de entusiasmo e a sua autoconfiança vão convencer as pessoas de que você sabe para onde está indo e que, portanto, deve ser seguido.

O unificador

Ao ascender ao trono da França em 1661, Luís XIV herdou uma situação quase insustentável. Duques e senhores feudais mantinham um controle rígido de seus vários territórios. Ministros recentes como o duque de Richelieu e o cardeal Mazarin haviam tomado quase todas as decisões importantes que estavam além do controle daqueles senhores. O rei era basicamente um fantoche, presidindo um país profundamente dividido cujo poder na Europa estava em queda havia um bom tempo.

Luís XIV estava decidido a mudar essa situação, e seu método era vigoroso e dramático. A princípio, manteve suas intenções em segredo, e então, de uma hora para a outra, anunciou que não nomearia um ministro para governar o país – daí em diante, tomaria a tarefa para si. Em seguida, ordenou que a aristocracia fixasse residência no Palácio de Versalhes, que ele acabara de construir. Quanto mais perto dele os aristocratas estivessem, mais influência eles exerceriam; quem optasse por continuar vivendo em seus ducados, conspirando contra o rei, seria isolado do novo centro de poder que Luís XIV havia criado.

No entanto, sua manobra mais brilhante foi a mais sutil de todas. Ele criou uma causa na qual o povo francês acreditasse: a grandeza e a glória da França, cuja missão era ser o centro da civilização e do refinamento, o modelo para toda a Europa. Para tanto, envolveu seu país em várias guerras a fim de ampliar seu poder político. Tornou-se um grande patrono das artes, fazendo toda a Europa invejar o ambiente cultural da França. Montou espetáculos impressionantes para encantar as pessoas e distraí-las de suas manobras políticas. A nobreza passou a lutar não pelo rei, mas pela grandeza da nação. Assim, Luís XIV transformou um país dividido, quase caótico, na suprema potência europeia.

Entenda: a dinâmica natural de qualquer grupo é se dividir em facções. As pessoas querem proteger e promover os próprios interesses, por isso criam alianças políticas internas. Se você forçá-las a se unir sob sua liderança, erradicando suas facções, poderá até assumir o controle, mas vai gerar grande ressentimento – as pessoas suspeitarão naturalmente que você está aumentando seu poder às custas delas. Se não fizer nada, acabará cercado por senhores e duques que o impedirão de fazer seu trabalho.

Um grupo precisa de uma força centrípeta que lhe dê unidade e coesão, mas não basta que essa força venha de você e de sua personalidade. Sua força precisa vir de uma causa que você personifica com ímpeto e orgulho. Pode ser uma causa política, ética ou progressista – você está trabalhando para melhorar a vida das pessoas da sua comunidade, por exemplo. Essa causa eleva seu grupo em relação aos demais. Possui uma aura quase religiosa, que faz as pessoas terem a sensação de estar participando de um culto. Agora, lutar contra ou duvidar de você é opor-se a essa causa e parecer egoísta. Imbuído desse sistema de crenças, o grupo tende a se policiar e eliminar os desordeiros. Para desempenhar esse papel com eficácia, você deve ser um exemplo vivo dessa causa, exatamente como Luís XIV exemplificou o poder civilizador da França com seu comportamento cuidadosamente fabricado.

Um exemplo a seguir

Não se pode dominar sozinho um grupo numeroso. Quem o faz acaba se tornando um microcontrolador ou ditador, e acaba exausto e odiado. É preciso montar uma equipe de tenentes que estejam infundidos com suas ideias, seu espírito, seus valores. Uma vez formada essa equipe, você pode lhes dar autonomia operacional, permitindo que seus integrantes aprendam por si e pensem em estratégias criativas para lutar pela causa.

Napoleão Bonaparte inaugurou esse sistema, que acabou sendo imitado pelos principais generais dos tempos modernos. Ele oferecia a seus marechais de campo uma ideia clara dos objetivos de uma campanha ou batalha específica, o que conhecemos atualmente como "declaração de missão". Em seguida, autorizava-os a cumprir esses objetivos sozinhos, a seu modo. O que importava eram os resultados. A ideia por trás desse conceito é que quem encara a luta no front tende a ter uma noção melhor do que deve ser feito aqui e agora; tem mais informações à mão que o líder. Ao verem que há certo grau de confiança em suas decisões, essas pessoas podem agir rapidamente e se sentirem mais comprometidas na execução da guerra. Esse sistema revolucionário permitiu que o exército de Napoleão se movesse com uma velocidade maior e cultivasse uma equipe de marechais de campo brilhantes e experientes. E foi preciso muita coragem da parte de Napoleão para confiar neles e não tentar controlar tudo no campo de batalha.

Operar com uma declaração de missão é uma forma eficaz de moderar sua imagem e disfarçar a extensão do seu poder. Você passa a ser visto como mais que um líder; torna-se um exemplo, instruindo, energizando e inspirando. Ao formar sua equipe, busque pessoas que compartilhem seus valores e estejam dispostas a aprender. Não se deixe seduzir por um currículo impressionante. Seus seguidores precisam estar perto de você, a fim de absorver seu espírito e seu modo de agir. Quando considerar que eles estão adequadamente treinados, não tenha medo de soltar as rédeas e lhes dar mais independência. No fim, isso lhe poupará muita energia e permitirá que você continue a manter o foco no cenário estratégico maior.

O cavaleiro audacioso

Todo grupo possui uma espécie de energia coletiva que, por si só, tenderá à inércia. Isso vem do poderoso desejo que as pessoas têm de manter tudo confortável, fácil e familiar. Com o tempo, em qualquer grupo, as convenções e o protocolo tornam-se cada vez mais importantes e norteiam o comportamento das pessoas. Quanto maior o grupo, mais conservador ele estará inclinado a ser, e mais intensa será a força da inércia. O paradoxo é que essa postura passiva e defensiva tem efeito depressivo no moral, da mesma forma que ficar sentado muito tempo no mesmo lugar vai diminuir seu ânimo.

É muito provável que você tenha chegado ao topo em virtude de seu destemor e desejo desesperado de avançar. Você assumiu riscos que, com toda a sua energia e criatividade, fizeram-no ter sucesso; esse espírito destemido atraiu atenção positiva. A inércia do grupo tenderá naturalmente a reprimir tudo isso e neutralizar a fonte de seu poder.

Como líder, é você quem pode mudar essa situação e impor um ritmo mais ativo e dinâmico. Continue sendo o cavaleiro destemido e arrojado. Obrigue-se a iniciar novos projetos e conquistar outros domínios; implemente medidas proativas contra possíveis perigos no horizonte; tome a iniciativa contra seus rivais. Mantenha seu grupo marchando e na ofensiva. Isso os motivará e fará com que se sintam em movimento. Isso não é correr riscos desnecessários, mas simplesmente dar um toque de agressividade ao seu grupo, normalmente conservador. Eles se acostumarão a vê-lo em ação e ficarão viciados na empolgação que você traz a cada nova campanha.

Mudança de perspectiva

Vivemos uma época de grande desconfiança em relação a qualquer forma de autoridade. Parte disso vem da inveja por pessoas que têm poder e conquistaram alguma coisa. Parte vem das experiências com pessoas que abusam de sua posição de poder para conseguir o que querem. Seja como for, essa desconfiança faz com que seja cada vez mais difícil ser um líder forte e eficaz. Sob a influência dessa força niveladora, você pode ficar tentado a agir com menos autoridade, a ser mais como todo mundo ou a agir só para agradar os outros. Isso só vai dificultar ainda mais o seu trabalho. O melhor seria passar a ver o conceito de autoridade sob uma nova ótica.

O termo "autoridade" vem do latim *autore*, que significa autor, uma pessoa que cria algo novo. Pode ser uma obra de arte, uma nova forma de agir no mundo ou novos valores. A saúde de uma sociedade depende daqueles que a infundem com tais inovações. Essas obras ou atos conferem aos responsáveis por eles credibilidade e autoridade para fazer mais. O lendário general romano Cipião Africano inventou um novo estilo de guerra que teve grande êxito na campanha contra Aníbal. Isso lhe conferiu autoridade para liderar a campanha e, mais tarde, seguir a carreira política. Para os romanos, agir simplesmente como se a posição desse ao indivíduo o direito a certos poderes levava-o à perda de autoridade. A pessoa deixava de ser mais um autor, um colaborador, e se transformava em um consumidor passivo de poder.

Como líder, é assim que você precisa se enxergar agora. Você é o criador de uma nova ordem, do novo ato em um drama. Nunca descanse sobre os louros ou conquistas anteriores. Aja sempre para impulsionar seu grupo adiante e obter resultados positivos; esse registro fala por si. Apesar do espírito da época, no fundo as pessoas desejam ser guiadas com mão firme por alguém que saiba para onde estão indo. É angustiante sentir-se sempre distraído, perambulando por aí. Os integrantes do seu grupo lhe darão o respeito e a autoridade necessários se você se mostrar digno de merecê-los como autor e criador. Se, no fim das contas, as pessoas desconfiarem de você e resistirem à sua autoridade, o responsável será exclusivamente você.

É inconcebível que um comandante ilustre não tenha coragem. Nenhum homem que não seja [...] destemido pode desempenhar tal papel, e é por isso que consideramos essa qualidade o maior pré-requisito do grande líder militar. O quanto dessa bravura ele conserva ao chegar a uma posição de alta patente, uma vez que a certa altura a instrução e a experiência a afetaram e modificaram, é outro assunto. Quanto mais ele a retém, maior o alcance da genialidade desse comandante.

— CARL VON CLAUSEWITZ

7

Conheça seu ambiente de dentro para fora – Conexão

A maior parte das pessoas pensa primeiro no que deseja expressar ou executar para só então encontrar um público para suas ideias. Faça o contrário: pense primeiro no público. O foco deve ser as necessidades em transformação dessas pessoas, as tendências a que são expostas. Partindo das demandas delas, você criará a oferta apropriada. Não tenha medo das críticas – sem esse feedback, seu trabalho seria excessivamente pessoal e delirante. Mantenha o relacionamento mais próximo possível com o ambiente, "sinta" o que está acontecendo ao seu redor. E nunca perca o contato com sua base.

A ECONOMIA DAS RUAS

Eu sabia que o pessoal do gueto entendia que eu nunca saí de lá em espírito e que eu só saía fisicamente quando era estritamente necessário. Eu tinha um instinto de gueto; por exemplo, podia sentir se a tensão estava acima do normal em uma plateia no gueto. E falava e entendia a língua do gueto.

— MALCOLM X

Quando começou a traficar, aos 12 anos, Curtis Jackson se viu diante de um mundo desconhecido que oferecia todo tipo de perigo. O lado comercial de traficar drogas era relativamente fácil de entender. O difícil eram as pessoas, os vários atores em cena: os traficantes rivais, os chefões do tráfico, a polícia. Mas o mais estranho e impenetrável de tudo isso era o mundo dos usuários de drogas, a clientela da qual o negócio dependia. O comportamento dos dependentes pode ser imprevisível e absolutamente alarmante.

Curtis conhecia o modo de pensar dos traficantes rivais e da polícia, pois todos eles agiam com certo grau de racionalidade. Mas os dependentes químicos pareciam dominados por suas necessidades e podiam se tornar hostis ou violentos de uma hora para a outra. Muitos traficantes desenvolviam uma espécie de fobia em relação aos clientes. Viam neles as fraquezas e a dependência que podem afligir qualquer um que sucumbe ao vício. O traficante depende de sua acuidade mental; o simples flerte com o uso de drogas pode destruir essa capacidade e levar à ladeira escorregadia do vício. Se convivesse muito com os usuários, Curtis poderia, ele próprio, se tornar um consumidor. O jovem entendeu isso e manteve distância deles, mas esse aspecto do comércio o incomodava.

Em dada ocasião, os usuários resolveram evitá-lo sem mais nem menos, e ele não conseguia descobrir a razão. Só sabia que não estava conseguindo vender um lote recebido em consignação. Neste arranjo, um fornecedor, ou contato, um nível acima, tinha dado a ele um lote de drogas; quando conseguisse vender o lote, Curtis pagaria o combinado e embolsaria o lucro. Mas daquela vez parecia que ele não ganharia nem o suficiente para pagar o fornecedor. Isso poderia prejudicar sua reputação e lhe causar todo tipo de problema; talvez ele tivesse que roubar para conseguir o dinheiro.

Tomado por certo desespero, Curtis trabalhou dia e noite sem parar, oferecendo descontos, o que fosse preciso para vender a droga. Conseguiu pagar o que devia, mas foi por pouco. Talvez o lote fosse de má qualidade, mas como ele poderia saber e como poderia evitar que isso voltasse a acontecer?

Foi então que resolveu pedir conselhos a um homem chamado Dre, um traficante veterano que trabalhava havia muito tempo nas ruas, algo raro. Ele era considerado um homem de negócios perspicaz (na prisão, havia estudado economia por conta própria) e parecia se dar muito bem com os usuários. Dre explicou que a experiência lhe havia ensinado que existem dois tipos de traficantes: os que ficam do lado de fora e os que ficam do lado de dentro. Os primeiros não se dão ao trabalho de conhecer seus clientes. Para eles, tudo se resume a dinheiro e números. Eles não têm noção de psicologia ou das nuances das necessidades e demandas das pessoas. Têm medo de chegar muito perto do consumidor, pois isso poderia forçá-los a reavaliar seus métodos e ideias. Já quem fica do lado de dentro tem uma abordagem muito mais importante. Não tem medo dos dependentes; ao contrário, quer saber o que se passa na cabeça deles. Os usuários de drogas não são diferentes das outras pessoas: têm fobias, surtos de tédio e uma vida interior complexa. "Porque você está do lado de fora", ele disse a Curtis, "não vê nada disso, e seu trabalho é meramente mecânico, sem vida."

"Para sobressair", continuou, "é preciso praticar um dos truques mais antigos do mercado: a 'amostra'. Funciona da seguinte forma: sempre que chegar um lote de drogas, reserve uma parte para oferecer como amostra a alguns dos seus clientes. Eles dirão na hora se o material é bom ou ruim. Se o feedback for positivo, eles espalharão a notícia entre os outros consumidores, que saberão que a informação é confiável, pois está vindo de outro consumidor, não de um traficante promovendo as próprias mercadorias. Se for negativo, você vai ter que agir e dar um jeito, oferecendo 'ilusões' (promoção compre um, leve dois, ou vendendo cápsulas de vento) ou o que for necessário para se livrar daquele lote. Mas você deve sempre se basear na qualidade do seu produto. Do contrário, você não sobreviverá nestas ruas."

E complementou: "Quando o sistema estiver em funcionamento, use-o para cultivar seus relacionamentos com os clientes mais confiáveis. Eles lhe fornecerão informações valiosas sobre as mudanças nos gostos que possam estar em curso. Conversar com eles lhe dará muitas ideias de planos de marketing e novos métodos de trabalho. Você terá uma noção de como eles pensam. Estando do lado de dentro, o trabalho se torna criativo e cheio de possibilidades."

Curtis adotou imediatamente esse sistema e logo descobriu que os usuários não eram como ele imaginava. Eram imprevisíveis apenas quando tratados de forma inconsistente. Eles valorizavam a conveniência e as transações rápidas, queriam algo novo de vez em quando e adoravam a ideia de fazer qualquer tipo de negócio. Com esse crescente conjunto de informações, Curtis passou a agir de acordo com as necessidades dos usuários e manipular a demanda. E ele descobriu mais uma coisa: como passavam muito tempo nas ruas, os usuários eram uma excelente fonte de informações sobre a polícia ou sobre as fraquezas dos traficantes rivais. Conhecer tanto as ruas deu a Curtis uma sensação de grande poder. Mais adiante, ele transferiria a mesma estratégia para a música e sua campanha de *mixtapes* nas ruas de Nova York. Mantendo uma conexão próxima com os gostos de seus fãs, ele poderia adaptar sua música às reações deles e criar um tipo de som que tinha um apelo visceral, algo que eles nunca tinham ouvido antes.

Após o extraordinário sucesso de seus dois primeiros álbuns comerciais, Curtis (agora conhecido como 50 Cent) viu-se no topo do mundo da música, mas seu senso de conexão, tão vital nas ruas, estava desaparecendo no novo ambiente que ele agora habitava. Fifty vivia cercado por bajuladores que queriam fazer parte de sua *entourage* e de produtores e profissionais do setor que viam nele apenas cifrões. Ele passara a interagir basicamente com pessoas do mundo corporativo ou com outros astros da música. Não podia mais perambular pelas ruas ou ver as novas tendências que surgiam. Tudo isso significava que ele estava voando sem rumo com a sua música, sem saber se ela ainda se conectaria com seu público. Era do contato com o público que vinham seu ânimo e sua energia, mas uma distância cada vez maior os separava. Isso não parecia preocupar outros astros; na verdade, eles gostavam de viver nesse tipo de bolha das celebridades. Tinham medo de colocar os pés no chão. Fifty pensava o oposto, mas parecia não haver saída.

Então, no início de 2007, ele decidiu criar um site. Seria um meio de divulgar sua música e fazer vendas diretas ao público, sem a interferência da gravadora, que vinha se demonstrando incapaz de se adaptar à era da internet. O site logo se transformou em uma espécie de rede social, como um Facebook para seus fãs, e, quanto mais Fifty se aprofundava no assunto, mais se convencia de que esse canal representava muito mais do que um recurso de marketing – talvez fosse a melhor ferramenta para se reconectar com seu público.

Primeiro, ele decidiu experimentar. Enquanto se preparava para lançar um álbum pela G-Unit no verão de 2008, vazou uma das músicas para o site em uma noite de sexta e, no dia seguinte, checou a seção de comentários várias vezes para acompanhar as reações do público. Depois de analisar centenas de comentários, ficou claro que o veredito era negativo. A música era melosa demais, na opinião dos seguidores; eles queriam e esperavam algo mais forte de um disco da G-Unit. Levando as críticas a sério, Fifty engavetou a música e logo lançou outra, com o som mais agressivo que os fãs queriam. Dessa vez, a resposta foi extremamente positiva.

Vieram outros experimentos. Fifty postou o último single de seu arqui-inimigo The Game, presumindo que os comentários de seus fãs seriam negativos. Para sua surpresa, muitos gostaram da música. Ele então iniciou um debate on-line com os fãs que abriu seus olhos para as mudanças nos gostos das pessoas e para os motivos que as haviam levado a se distanciar do seu som. Isso o forçou a repensar seus passos seguintes.

Para atrair mais pessoas para o site, decidiu eliminar a distância nos dois sentidos. Passou a escrever um blog sobre assuntos pessoais e respondia aos comentários dos fãs, que assim sentiam ter acesso total a ele. Usando os últimos avanços tecnológicos em telefonia, foi ainda mais longe: pediu que seu pessoal o filmasse com seus celulares aonde quer que ele fosse; as imagens eram transmitidas ao vivo no site. Isso gerou muito tráfego e bate-papo on-line – os fãs nunca sabiam quando esses momentos aconteceriam, então eram obrigados a acessar o site regularmente para ver aqueles momentos espontâneos, às vezes fascinantes em sua banalidade, outras vezes dramáticos pelo talento de Fifty para o confronto. O número de inscrições no site disparou.

À medida que evoluía, o site acabou se assemelhando ao mundo do tráfico que ele havia criado para si mesmo nas ruas de Southside Queens. Fifty podia oferecer amostras (músicas experimentais) aos seus fãs, que, como os usuários, estavam sempre ávidos pelos novos produtos de Fifty, e obter feedback imediato sobre sua qualidade. Podia desenvolver uma percepção do que eles estavam buscando e como ele poderia manipular essa demanda. Ele havia passado do lado de fora para o lado de dentro, e ganhou o jogo da vida outra vez, desta vez em escala global.

A abordagem destemida

O público nunca se engana. Quando as pessoas não respondem ao que você faz, estão enviando uma mensagem em alto e bom som. Você só não está ouvindo.

— 50 CENT

Todas as criaturas vivas dependem da relação com o meio para sobreviver. Se forem particularmente sensíveis a qualquer tipo de mudança – um risco ou uma oportunidade –, terão mais capacidade de dominar o que as cerca. O falcão é ágil não só porque enxerga mais longe do que qualquer outro animal, mas também porque o faz nos mínimos detalhes, registrando toda e qualquer alteração na paisagem. Seus olhos lhe conferem uma tremenda sensibilidade e uma destreza suprema para caçar.

Vivemos em um ambiente predominantemente humano, que consiste nas pessoas com quem interagimos no dia a dia. Elas vêm de muitas origens e culturas diversas. São indivíduos com experiências únicas. Conhecer bem as pessoas – suas diferenças, suas peculiaridades, sua vida emocional

– nos daria uma forte sensação de conexão e poder. Saberíamos como abordá-las, como nos comunicarmos de maneira mais eficaz com elas e como influenciar suas atitudes. Muitas vezes, porém, ficamos do lado de fora e nos privamos desse poder. Nos conectarmos com o meio dessa maneira significaria, nesse caso, sair de dentro de nós mesmos e fixar nosso olhar nas pessoas, mas quase sempre preferimos nos encerrar em nossas mentes, sonhos e ideias. Nós nos esforçamos para que tudo no mundo seja simples e conhecido. Acabamos nos tornando insensíveis às diferenças das pessoas, aos detalhes que conferem a cada um sua individualidade.

No âmago dessa atitude de nos voltarmos para dentro e nos desconectarmos encontra-se um medo enorme – um dos medos mais primais que o homem conhece, e talvez o menos compreendido. No começo, nossos ancestrais primitivos reuniam-se em grupos em busca de proteção. Para criar um senso de coesão, estabeleceram todos os tipos de códigos de conduta, tabus e rituais partilhados. Criaram também mitos, nos quais seu povo era considerado o favorito dos deuses, escolhido para um propósito maior. Ser membro desse povo era ser purificado por rituais e favorecido pelos deuses. Aqueles que pertenciam a outros grupos tinham rituais e sistemas de crenças desconhecidos, seus próprios deuses e mitos originais. Eles não eram puros. Eles representavam o Outro – algo sombrio e ameaçador, um desafio ao senso de superioridade do grupo.

Durante milhares e milhares de anos, isso fez parte de nossa constituição psicológica. E se transformou em um medo imenso de outras culturas e formas de pensar – para os cristãos, isso significava todos os pagãos. E, apesar de milênios de civilização, esse medo persiste em nós até hoje, sob a forma de um processo mental pelo qual dividimos o mundo em conhecido e desconhecido, puro e impuro. Desenvolvemos certas ideias e valores; nos socializamos com quem tem os mesmos valores que a gente, com quem faz parte de nosso círculo íntimo, nosso bando. Formamos facções de crenças rígidas – de direita, de esquerda, a favor disso ou daquilo. Vivemos fechados em nós mesmos, sempre com os mesmos pensamentos e ideias, protegidos do mundo exterior.

Quando somos confrontados com indivíduos que têm diferentes valores e sistemas de crenças, nos sentimos ameaçados. Nossa primeira reação não é tentar entendê-los, mas demonizá-los: aquele Outro sombrio. Ou então optamos por vê-los pelo prisma dos nossos valores e presumir que são os mesmos que os deles. Convertemos mentalmente o Outro em algo conhecido – "Eles podem vir de uma cultura completamente diferente, mas, no fundo, devem querer as mesmas coisas que nós". Trata-se de uma falha da nossa mente em sair de dentro de si mesma e entender, de ser sensível às nuances. Tudo precisa ser preto ou branco, puro ou impuro.

Entenda: o caminho para o poder neste mundo é justamente a abordagem oposta. Começa com um destemor fundamental – você não teme nem se sente afrontado por pessoas que pensam ou agem de modo diferente de você. Não se sente superior aos que estão do lado de fora. Na verdade, essa diversidade até o anima. Sua primeira atitude é abrir-se para essas diferenças, entender o que faz o Outro vibrar, ter uma noção da vida interior das pessoas, de como elas veem o mundo. Dessa forma, você está em contato permanente com círculos cada vez mais amplos, estabelecendo conexões com essas várias redes. A fonte do seu poder é sua sensibilidade e proximidade com esse ambiente social. Você consegue detectar tendências e mudanças nos gostos das pessoas muito antes dos outros.

Nas ruas, a situação é mais complexa do que em qualquer outro lugar; pessoas com os mais diversos tipos de mentalidade estão constantemente confrontando você. Qualquer poder que você tenha depende da sua capacidade de saber tudo o que acontece ao seu redor, de ser sensível às mudanças, de estar atento às estruturas de poder impostas de fora e de dentro. Não há tempo ou espaço para fugir para alguma terra dos sonhos. Você experimenta um senso de urgência em estar conectado ao ambiente e às pessoas à sua volta – sua vida depende disso.

Atualmente vivemos em condições semelhantes – pessoas de culturas e mentalidades diferentes juntas e misturadas. Mas, como vivemos em uma sociedade aparentemente com mais abundância e facilidade, não temos aquela necessidade urgente de nos conectarmos com os outros. Isso é um perigo. Em um caldeirão como o mundo contemporâneo, onde os gostos mudam mais rápido do que nunca, nosso sucesso depende da capacidade de sairmos de dentro de nós e nos conectarmos com outras redes sociais. Você precisa a todo custo forçar-se continuamente a sair de dentro de si. Você deve chegar a um ponto em que qualquer sensação de perda dessa conexão com o ambiente se traduza em uma sensação de risco e vulnerabilidade.

Em última análise, esse nosso medo primal dá origem a uma enfermidade mental – o fechamento da mente para toda e qualquer ideia nova e desconhecida. Ao longo da história, os tipos destemidos aprenderam a desenvolver o oposto: um espírito livre, uma mente aberta, que aprende continuamente com a experiência. Veja o exemplo da grande primatologista britânica Jane Goodall, cuja pesquisa de campo revolucionou nosso conhecimento sobre chimpanzés e primatas.

Antes do trabalho de Goodall, os cientistas haviam estabelecido certas ideias amplamente aceitas sobre os métodos de pesquisa com animais como os chimpanzés, que deveriam ser analisados principalmente em jaulas, sob condições altamente controladas. Os primatologistas às vezes os estudavam em seu hábitat natural; inventaram vários truques para atrair os chimpanzés até onde estavam, enquanto se mantinham escondidos atrás de uma espécie de tela de proteção. Conduziam experimentos ao manipular os animais e observar suas reações. O objetivo era definir verdades gerais sobre o comportamento dos chimpanzés. Somente mantendo a distância dos animais é que os cientistas poderiam estudá-los.

Goodall não tinha treinamento científico formal quando, em 1960, chegou à atual Tanzânia para estudar os chimpanzés na natureza. Sozinha, ela planejou uma forma de pesquisa radicalmente diferente. Os chimpanzés viviam nas partes mais remotas do país e eram sabidamente tímidos. Ela os acompanhava a certa distância, fazendo o possível para conquistar sua confiança, com toda a paciência. Vestia-se de forma a não atrair atenção e tomava cuidado para não os olhar nos olhos. Quando percebia que sua presença na área os incomodava, afastava-se ou imitava o comportamento de um babuíno que estava ali apenas caçando insetos.

Lentamente, ao longo de vários meses, ela foi se aproximando cada vez mais. Começou a identificar alguns deles; atribuiu-lhes nomes, algo que os cientistas nunca haviam feito antes – até então eles eram designados por números. Com esses nomes, ela pôde começar a detectar nuances sutis em seu comportamento individual; como os seres humanos, eles tinham personalidade própria. Após quase um ano dessa paciente sedução, os chimpanzés começaram a relaxar em sua presença e a permitir que ela interagisse com eles, algo que ninguém havia conseguido até então na história do estudo dos primatas em liberdade.

Isso exigiu muita coragem, pois se acreditava que os chimpanzés eram primatas mais inconstantes, perigosos e violentos do que os gorilas. À medida que interagia cada vez mais com eles, Goodall também notou uma mudança em si mesma. "Acho que minha mente já funciona como a dos chimpanzés, no nível subconsciente", escreveu a um amigo. Tinha essa sensação porque havia desenvolvido uma habilidade fantástica de encontrá-los na floresta.

Depois de ter acesso a eles, Goodall notou vários fenômenos que refutavam as informações vigentes sobre o comportamento dos chimpanzés. Os cientistas os classificavam como vegetarianos; ela os viu caçando e comendo macacos. Acreditava-se que apenas os seres humanos eram capazes de fabricar e usar ferramentas; ela viu chimpanzés produzirem instrumentos a fim de capturar insetos para comer. Ela os observou participando de danças rituais incomuns durante uma tempestade. Mais tarde, assistiu a uma guerra terrível entre bandos rivais que durou quatro anos. Catalogou um curioso comportamento maquiavélico entre os machos que disputavam a supremacia. Em geral, revelou um grau de variedade na vida emocional e intelectual dos chimpanzés que alterou o conceito não apenas dos chimpanzés, mas também de todos os primatas e mamíferos.

Esse fato tem aplicações fabulosas além dos domínios da ciência. Normalmente, ao estudarmos algo, partimos de noções preconcebidas sobre o assunto. (Como os cientistas passaram a acreditar que os chimpanzés tinham uma gama limitada de comportamentos, só viam aquilo, ignorando uma realidade muito mais complexa.) A mente começa o processo em um estado fechado – praticamente insensível às diferenças e nuances. Você teme que suas premissas sejam questionadas. Mas, como Goodall, precisa se libertar da necessidade de controlar e limitar seu campo de visão. Ao estudar um indivíduo ou grupo, seu objetivo deve ser entrar na mente deles, nas experiências, no modo como veem as coisas. Para isso, deve interagir com eles em um plano mais igualitário. Com esse espírito aberto e destemido, descobrirá coisas de que ninguém suspeitou. Apreciará muito melhor os receptores de suas ações, ou o público que vem tentando alcançar. E com essa compreensão virá a você o poder de mudar as pessoas.

A CHAVE PARA NÃO TER MEDO

São poucas as pessoas que têm a sabedoria de preferir críticas que lhes fazem bem aos elogios que as iludem.
— FRANÇOIS DE LA ROCHEFOUCAULD

No trabalho que produzimos, seja no mundo dos negócios ou na arena cultural, há sempre um instante revelador – quando o produto sai de nossas mãos e chega ao público-alvo. Naquele momento, ele deixa de ser algo que estava em nossa mente e se torna um objeto que é julgado por terceiros. Às vezes, esse objeto se conecta com as pessoas profundamente. Ele toca um acorde sensível, ressoa e traz aconchego. Satisfaz uma necessidade. Outras vezes, não afeta as pessoas de maneira alguma – em nossa mente, havíamos imaginado que teria um efeito muito diferente.

Esse processo pode parecer um tanto misterioso. Algumas pessoas parecem ter um talento especial para criar coisas que ressoam junto ao público. São grandes artistas, políticos em sintonia com o povo ou empresários criativos. Às vezes, produzimos algo que funciona, mas não sabemos por quê, e isso nos impede de repetir o sucesso.

No entanto, um aspecto desse fenômeno tem explicação. Tudo o que criamos ou produzimos é voltado para um público – grande ou pequeno, dependendo do que fazemos. Se somos do tipo que vive fechado dentro de si mesmo, nos limitando a conjecturar sobre o que o público-alvo desejaria, ou sem mesmo ligar para isso, esse espírito se reproduz no seu trabalho, que estará desconectado do ambiente social; trata-se do produto de uma pessoa trancada dentro de si. Se, ao contrário, estivermos profundamente conectados com o público, se tivermos uma noção clara de suas necessidades e desejos, então o que fizermos tenderá a impactá-lo. Dessa forma, internalizamos a forma de pensar e sentir do nosso público, e isso se expressa no trabalho.

A carreira do grande escritor russo Fiódor Dostoiévski teve duas fases muito diferentes: na primeira, ele foi um socialista que interagia principalmente com outros intelectuais. Seus romances e contos alcançaram um relativo sucesso. Mas então, em 1849, ele foi condenado a vários anos de prisão e trabalhos forçados na Sibéria por conspirar contra o governo. Lá, ele se deu conta de que não conhecia em absoluto o povo russo. Na prisão, ele se viu entre a escória da sociedade. Na aldeia onde fazia trabalhos pesados, acabou convivendo com o campesinato, predominante no campo. Ao sair da prisão, todas essas experiências criaram raízes em seu trabalho, e seus romances de uma hora para outra passaram a chamar atenção muito além dos círculos intelectuais. Ele passou a entender seu público – o povo russo – de dentro, e sua obra se popularizou.

Entenda: você não pode disfarçar sua atitude em relação ao público. Se você se sentir superior, parte de uma elite, isso afetará seu trabalho. Transparecerá no tom e na atmosfera. Seu trabalho transmitirá certa complacência. Se você tem pouco acesso ao público que deseja alcançar, mas acredita que suas ideias podem não ser desinteressantes, é quase inevitável que seu trabalho pareça muito pessoal, produto de uma pessoa alienada. Em ambos os casos, o que realmente predomina no espírito do seu trabalho é o medo. Interagir de perto com o público e receber seu feedback pode significar ter que ajustar suas ideias "brilhantes", suas noções preconcebidas. Isso talvez questione sua visão de mundo limitada. Você pode até disfarçar essa dissonância com um verniz de esnobismo, mas não passa do velho medo do Outro.

Somos seres sociais; agimos na tentativa de nos comunicarmos e nos relacionarmos com as pessoas ao nosso redor. Seu objetivo deve ser eliminar a distância entre você e o seu público, sua base de apoio na vida. Parte dessa distância é mental – vem do seu ego e da sua necessidade de se sentir superior. Outra parte é física – a natureza do negócio tende a nos isolar do público com camadas de burocracia. De uma maneira ou de outra, busque o máximo de interação, o que lhe permitirá ter uma ideia mais ampla das pessoas. As críticas e comentários delas acabarão por beneficiar você. Operando dessa maneira, o que você produz não deixará de ressoar porque virá de dentro. Esse nível profundo de interação é a origem das obras mais poderosas e populares na cultura e nos negócios, e de um estilo político de verdadeira conexão.

Veja a seguir quatro estratégias que você pode usar para se aproximar desse ideal.

Elimine toda a distância

O artista francês Henri de Toulouse-Lautrec veio de uma das linhagens aristocráticas mais antigas da França, mas desde cedo sentia-se segregado da família. Parte disso se devia à sua deficiência física – suas pernas haviam parado de crescer quando ele tinha 14 anos, dando-lhe a aparência de uma pessoa com nanismo. Outra parte vinha de sua natureza sensível. Ele se voltou para a pintura como o único interesse na vida e, em 1882, aos 18 anos, mudou-se para Paris com o intuito de estudar com um famoso artista em um estúdio em Montmartre, bairro boêmio e um tanto decadente da cidade. Ali, Toulouse-Lautrec descobriu um mundo totalmente novo: os cafés e salões de dança frequentados por prostitutas, vigaristas, dançarinas, artistas de rua e todos os personagens sombrios que o *quartier* atraía. Talvez em razão de seu afastamento da família, ele se identificou com esses tipos excluídos. E, aos poucos, começou a mergulhar cada vez mais fundo na vida social de Montmartre.

Fez amizade com as prostitutas e as contratava como modelos, tentando capturar a essência de sua vida na tela. Frequentava os salões de dança e desenhava enquanto observava. Bebeu com bandidos e agitadores anarquistas que passavam pelo bairro. Absorveu todos os aspectos desse mundo, inclusive os hábitos dos ricos que iam ao bairro em busca de diversão e para se misturar aos pobres. Outros artistas, como Degas e Renoir, que também moravam em Montmartre, pintaram muitas cenas da vida por lá, mas sempre com certo distanciamento, como estranhos observando algo que não fazia parte de sua vida. Toulouse-Lautrec era mais um participante ativo. E à medida que seus desenhos e pinturas começaram a refletir essa imersão, seu trabalho atraiu a atenção do público.

Tudo isso culminou nos cartazes do Moulin Rouge, inaugurado em 1889. O primeiro e mais famoso deles foi a imagem escandalosa de uma dançarina levantando a perna tão alto que se podia ver a roupa de baixo. As cores são intensas e vibrantes. O mais interessante, porém, é a espécie de espaço plano que ele criou, que dá ao espectador a sensação de estar no palco com os artistas, em meio a toda aquela atividade e às luzes brilhantes. Ninguém jamais havia criado algo assim. Quando o pôster foi espalhado pela cidade, as pessoas ficaram hipnotizadas pela imagem, que parecia ter vida própria.

Seguiram-se mais e mais cartazes de todos os outros personagens do Moulin Rouge que Toulouse-Lautrec veio a conhecer intimamente, e dessa coexistência plena e democrática com os objetos de sua arte surgiu uma estética inteiramente nova. Sua obra adquiriu enorme popularidade.

Entenda: nos tempos atuais, para alcançar as pessoas, é preciso ter acesso à vida interior delas – suas frustrações, aspirações, ressentimentos. Para isso, você precisa suprimir tanto quanto possível a distância entre si mesmo e seu público. Entre em seu espírito e absorva-o de dentro. Você incorporará a maneira dele de ver as coisas e, quando a recriar em alguma obra, ela terá vida. Aquilo que o choca e aquilo que o anima terá o mesmo efeito sobre o público. Isso requer um grau de destemor e um espírito aberto. Não tenha medo de definir toda a sua personalidade a partir dessas interações intensas. Assuma uma igualdade radical com o público, dando voz às ideias e aos desejos dele. O que você produz vai gerar uma conexão natural, de uma forma muito profunda.

Crie canais informais para críticas e feedback

Quando Eleanor Roosevelt chegou à Casa Branca como primeira-dama em 1933, estava muito apreensiva. Ela desdenhava da política convencional e da atitude elitista que fomentava. Em sua opinião, o poder do marido dependeria da conexão que ele conseguisse estabelecer com seus eleitores. Para sair da Grande Depressão, o povo tinha que se sentir incluído na luta, não apenas ser seduzido por discursos e programas. Quando se sentem envolvidas, as pessoas levam ideias e energia para a causa. Ela temia que o marido fosse consumido pela natureza burocrática do governo, que acabasse ouvindo os membros de seu gabinete e seus especialistas; que sua conexão com o povo fosse relegada a canais formais como relatórios, pesquisas e estudos. Esse isolamento seria sua ruína, pois o afastaria de sua base de apoio. Como lhe fora negado um cargo oficial no governo, ela decidiu trabalhar para criar canais informais com o público por conta própria.

Eleanor viajou pelo país – indo até cidades e vilas rurais distantes –, ouvindo as queixas e necessidades das pessoas. Ela levou várias dessas pessoas para falar com o presidente e oferecer a ele, em primeira mão, suas impressões sobre os efeitos do New Deal. Começou a escrever uma coluna no *The Woman's Home Companion*, na qual havia a informação logo abaixo do título: "Quero que você me escreva." Usou a coluna como um fórum de discussão com o povo dos Estados Unidos, encorajando as pessoas a expressarem suas críticas. Em seis meses, ela havia recebido mais de 300 mil cartas e, com a ajuda de sua equipe, respondeu a cada uma delas. Eleanor também abriu outros canais de comunicação, por exemplo, colocando seus assessores nos programas do New Deal, que então fariam pesquisas em nome dela com o público afetado por esses programas.

Com o sistema em vigor, ela começou a identificar um padrão de baixo para cima: um desencanto crescente com o New Deal. Todos os dias, ela deixava um memorando na mesa do marido, lembrando-o dessas críticas e da necessidade de ser mais responsivo. E, aos poucos, começou a influenciar suas políticas e a empurrá-lo para a esquerda – conseguiu, por exemplo, criar programas como a NYA, a Administração Nacional da Juventude, que envolveria ativamente os jovens no New Deal. Com o tempo, ela se tornou o canal não oficial de comunicação para grupos de mulheres e pessoas negras, consolidando assim o apoio a Roosevelt nesses dois círculos eleitorais chave. Foi preciso ter uma tremenda coragem para realizar todo esse trabalho, pois Eleanor era continuamente ridicularizada por seu ativismo, muito antes de qualquer outra primeira-dama dos Estados Unidos sequer pensar em assumir tal tarefa. E seu trabalho desempenhou um papel importante na capacidade de Franklin Roosevelt de manter sua imagem como homem do povo.

Eleanor Roosevelt entendeu que todo grupo tende a se fechar para o mundo exterior. É mais fácil operar dessa forma. Dentro dessa bolha, as pessoas se iludem, acreditando saber o que seu público pensa – leem jornais, relatórios, resultados de pesquisas e assim por diante. No entanto, essas informações costumam ser rasas e filtradas ao extremo. É muito diferente quando interagimos diretamente com as pessoas e ouvimos suas críticas e seu feedback. Descobrimos o que está por trás de seu descontentamento, as várias nuances de como nosso trabalho as afeta. Os problemas delas ganham vida, e as soluções que propomos são mais relevantes. Criamos uma dinâmica de troca na qual as ideias, a participação e a energia das pessoas podem servir aos seus propósitos. Se, devido à natureza de seu grupo ou negócio, for preciso manter certa distância entre você e o público, o ideal é abrir o maior número possível de canais informais, obtendo o feedback direto da fonte.

Reconecte-se com sua base

É comum vermos a situação a seguir: uma pessoa tem sucesso quando jovem porque tem laços fortes com um grupo social. O que ela produz e diz vem de um lugar real e estabelece uma conexão com o público. No entanto, pouco a pouco, essa conexão começa a diminuir. O sucesso cria distanciamento. Aquela pessoa agora passa a maior parte do tempo com outras pessoas de sucesso. Consciente ou inconscientemente, passa a se sentir distante do público, e melhor do que ele. A intensidade de seu trabalho se esvai e, com ela, qualquer efeito real sobre os fãs.

O famoso ativista negro Malcolm X lutou contra esse problema à sua maneira. Ele havia passado a juventude nas ruas, e acabou na prisão, acusado de tráfico de drogas. Lá, descobriu o islamismo praticado pela Nação do Islã e imediatamente se converteu. Ao sair da prisão, foi um porta-voz desse grupo e conquistou grande visibilidade. Mais tarde, porém, rompeu com ele e se tornou uma figura importante no crescente movimento pela igualdade racial na década de 1960.

Nas várias fases de sua vida, Malcolm X sentiu raiva e frustração pelas injustiças sofridas pelos negros, muitas das quais ele vivenciou em primeira mão. Ele canalizou essas emoções em discursos vigorosos, nos quais parecia dar voz a muitos que viviam nos guetos do país. Entretanto, à medida que se tornava mais famoso, começou a experimentar certa ansiedade. Outros líderes da comunidade negra que ele conhecera já viviam relativamente bem, e parecia que um abismo de superioridade e desconexão os separava das pessoas que eles supostamente representavam, como um pai cuidando do filho.

Malcolm odiava essa sensação de crescente paternalismo. Na opinião dele, só as pessoas podiam ajudar a si mesmas – seu papel era inspirá-las a agir, não agir em nome delas. Como antídoto contra essa distância mental, ele aumentou sua interação com malandros e agitadores, pessoas do submundo que a maioria dos líderes era aconselhada a evitar. Os que estavam no âmago do gueto eram a base de seu poder, e Malcolm precisava se reconectar com eles. Fez questão de passar mais tempo com aqueles que tinham sofrido injustiças recentes, absorvendo suas experiências e sua indignação. A maioria das pessoas amolece com a idade, mas ele manteria sua raiva – a intensidade das emoções que o haviam impulsionado e que eram responsáveis pelo seu carisma.

O objetivo de se conectar com as pessoas não é agradar a todos nem atingir o maior público possível. A comunicação é uma força de intensidade, não de extensão e número. Ao tentar ampliar o escopo do seu apelo, substituirá qualidade por quantidade e pagará um preço. Você tem uma base de poder – um grupo de pessoas, grande ou pequeno, que se identifica com você. Essa base também é mental – ideias que teve quando jovem, associadas a emoções poderosas que o inspiraram a seguir determinado caminho. Tempo e sucesso tendem a diluir o senso de conexão que você tem com essa base física e mental. Você ficará à deriva e seu poder de comunicação diminuirá. Conheça sua base e tente se reconectar com ela. Mantenha suas alianças com ela vivas, intensas e presentes. Volte às suas origens – a fonte de toda inspiração e todo poder.

Crie o espelho social

Em nossa mente, podemos imaginar que temos todo tipo de poder e habilidades. Nosso ego pode inflar o quanto quiser. Mas, quando produzimos algo que não tem o impacto esperado, nos vemos confrontados com um limite: não somos tão brilhantes e habilidosos quanto imaginávamos. Nessa situação, nossa tendência é culpar os outros por não compreenderem ou por atrapalharem nossa trajetória. Nosso ego fica machucado e frágil – as críticas externas parecem um ataque pessoal que não podemos suportar. Então tendemos a nos fechar, o que torna ainda mais difícil o sucesso em nosso próximo projeto.

Em vez de se voltar para dentro, considere a indiferença das pessoas à sua ideia e as críticas uma espécie de espelho que estão colocando na sua frente. Um espelho físico o transforma em um objeto: você pode se ver como os outros o veem. Seu ego não pode protegê-lo – o espelho não mente. Você o usa para melhorar sua aparência e evitar o ridículo. As opiniões dos outros exercem uma função semelhante. Você vê seu trabalho de dentro de sua mente, envolto por todo tipo de desejos e medos. Os outros o veem como um objeto: como ele é. Por meio dessas críticas, você pode se aproximar dessa versão objetiva e melhorar gradativamente o que faz. (Cabe aqui uma advertência: cuidado com o feedback de amigos cujos julgamentos podem ser obscurecidos por sentimentos de inveja ou pela necessidade de bajular.)

Quando o seu trabalho não se comunica com outras pessoas, a culpa é sua – você não expressou suas ideias com clareza suficiente e falhou em se conectar emocionalmente com seu público. Essa análise salvará você de qualquer amargura ou raiva que as críticas possam lhe causar. Você está apenas aperfeiçoando seu trabalho por meio do espelho social.

Mudança de perspectiva

A ciência e o método científico são meios muito práticos e eficazes de busca de conhecimento que dominaram grande parte do nosso pensamento nos últimos séculos. Mas também geraram um preconceito peculiar – de que, para entender qualquer coisa, é preciso estudá-la a distância e com uma perspectiva imparcial. Por exemplo, tendemos a considerar que um livro cheio de estatísticas e citações de vários estudos tem mais valor, pois parece ter a objetividade e o distanciamento científico necessários. Mas a ciência com frequência lida com matéria inorgânica ou com vida emocional marginal. Estudar isso de uma perspectiva imparcial faz sentido e gera profundos resultados, mas não funciona tão bem quando lidamos com pessoas e seres que respondem de forma emocional. Falta aqui o conhecimento do que os faz vibrar por dentro. Estudá-los de fora é mero preconceito, muitas vezes resultado do medo – lidar com as experiências e a subjetividade das pessoas é confuso e caótico. O distanciamento é mais simples, mais fácil.

É hora de reavaliar esse preconceito e ver as coisas da perspectiva oposta. O conhecimento da natureza humana e dos fatores sociais, o tipo de conhecimento que costuma ser mais valioso para nós, depende de entender as pessoas e suas redes internamente, de ter uma noção do que elas vivenciam.

E isso se consegue com intenso envolvimento e participação, não com a pose pseudocientífica do intelectual viciado em estudos, citações e números, todos projetados para sustentar seus preconceitos. Em questões sociais, é preciso valorizar essa outra forma de conhecimento, de dentro para fora, acima de todas as outras. É ela que lhe dará o poder de tocar as pessoas. Quando você se sentir distante e desconectado de seu público, deve dizer a si mesmo que não entende o que está estudando ou tentando alcançar. Está errando o alvo – e tem trabalho a fazer.

Um homem inteligente de verdade sente o que os outros apenas sabem.
— BARÃO DE MONTESQUIEU

8

Respeite o processo – Domínio

Os tolos querem coisas rápidas e fáceis na vida – dinheiro, sucesso, atenção. O tédio é seu grande inimigo e temor. Todas as suas conquistas lhes escapam por entre os dedos com a mesma rapidez com que vêm. Você, por sua vez, quer sobreviver a seus rivais. Está construindo o alicerce de algo que pode continuar a crescer. Para isso, terá que ser um aprendiz. Precisa aprender desde cedo a suportar as longas horas de treinamento e trabalho árduo, sabendo que, no fim, todo esse tempo se traduzirá em um prazer maior – o domínio de um ofício e de si próprio. Seu objetivo é atingir o mais alto nível de habilidade: a intuição do que deve vir a seguir.

Slow Money

Domine o instrumento, domine a música, depois esqueça toda essa baboseira e toque.

— CHARLIE PARKER

Enquanto crescia no Southside Queens, as únicas pessoas que Curtis Jackson via com dinheiro e poder eram os traficantes. Assim, aos 11 anos e com grandes sonhos para o futuro, ele escolheu esse caminho. Quase imediatamente, porém, ele percebeu que a vida de traficante não tinha nenhum glamour. Consistia basicamente em ficar em pé numa esquina, dia após dia, vendendo a mesma mercadoria aos mesmos usuários. Aquilo significava passar horas sem fazer nada, esperando os clientes aparecerem, muitas vezes no frio congelante ou sob o sol escaldante. E, naquelas longas e tediosas horas na rua, a mente de Curtis divagava; ele se pegava desejando que o dinheiro viesse mais rápido e mais fácil, com mais emoções. Havia oportunidades para isso nas ruas – a maioria envolvia crimes ou esquemas duvidosos. Às vezes Curtis ficava tentado a experimentar, mas acabava lembrando das inúmeras histórias de traficantes que ele conhecera que haviam cedido à ilusão de ganhar dinheiro rápido e fácil – todos acabaram mortos ou falidos.

Era o caso do seu amigo TC, que, cansado do tráfico, se envolveu com uma gangue que passava o verão inteiro roubando lojas de conveniência e, de vez em quando, um banco. Ele ganhou muito dinheiro em três meses e gastou tudo no outono e no inverno. No verão seguinte, lá estava ele trabalhando para a gangue de novo. Não era apenas pelo dinheiro; havia também a emoção de flertar com tamanho perigo. Mas naquele segundo verão sua sorte se esgotou e ele morreu em uma troca de tiros com a polícia.

Havia também Spite, outro colega, um pouco mais velho que ele, que conseguira economizar algum dinheiro com o tráfico, mas sonhava com algo melhor. Ele se convenceu de que poderia fazer fortuna rápido montando uma nova franquia no bairro, que, em sua opinião, seria um grande sucesso. Investiu tudo o que tinha no negócio, mas não teve a paciência necessária. Não deu às pessoas tempo para se acostumarem com a nova vida dele. Todos acreditavam que a loja funcionava como fachada para a venda de drogas. Evitavam o local, que logo se tornou um ponto de encontro de viciados e traficantes. A franquia faliu em poucos meses, e ele nunca se recuperou da experiência.

Eis a essência do problema: para ter sucesso como traficante, era preciso se acostumar com o ritmo lento e desgastante do trabalho. Acontece que, nas ruas, o futuro raramente parecia promissor. Os traficantes tinham dificuldade de se imaginar economizando para algum imprevisto no futuro quando era provável que esse futuro nunca chegasse. Inevitavelmente a vontade de ganhar dinheiro rápido se infiltrava no sangue deles e, se cedessem a ela, iniciavam um ciclo do qual não conseguiam escapar. O dinheiro fácil, quando vinha, tinha o efeito de uma droga – eles se empolgavam e gastavam tudo em coisas para impressionar as pessoas. Quando o dinheiro acabava, podiam voltar para o tráfico, que agora lhes parecia lento e enfadonho demais. A saída era tentar de novo algo rápido, o que os levava a cair na armadilha da própria ganância. Com o passar dos anos, não conseguiam desenvolver nenhum tipo de paciência ou disciplina. E não conseguiam administrar esses altos e baixos por muito tempo. Lá pelos 25, 30 anos, a pessoa estava acabada, sem habilidades nem dinheiro depois de tantos anos de esforço. Seu destino depois disso em geral era triste.

Para resistir à tentação, Curtis decidiu se forçar a seguir na direção oposta. Encarava o tráfico como um trabalho. Todo dia, no mesmo horário, ia para a mesma esquina de sempre e trabalhava do amanhecer ao anoitecer. Aos poucos foi se acostumando ao ritmo lento. Durante as longas horas sem nada para fazer, refletia sobre o futuro e elaborava planos detalhados do que iria realizar ano a ano – terminando com sua saída do tráfico nas ruas. Entraria para o mundo da música e depois para os negócios. Para dar o primeiro passo, ele teria que economizar. Pensar nesse objetivo o ajudou a resistir ao tédio diário do trabalho. Nessas horas lentas, ele também elaborava novos esquemas de tráfico, com a ideia de continuar se aprimorando nesse trabalho.

Começou a praticar boxe para disciplinar a mente e o corpo. Quando começou, era um desastre, mas insistiu, treinando todos os dias, e acabou se tornando um lutador habilidoso. Aprendeu com o boxe lições valiosas: por meio da persistência, e não da força ou da violência, poderia alcançar o que quisesse; avançar passo a passo era a única maneira de ter sucesso em qualquer coisa. E, aos 20 anos, entrou para o mundo da música – como havia planejado originalmente.

Em 1999, após vários anos de aprendizado com Jam Master Jay, Curtis assinou um contrato com a Columbia Records. Parecia a realização de um sonho; mas, analisando outros rappers que estavam havia mais tempo na gravadora, ele percebeu que os perigos ao seu redor tinham apenas aumentado. Em sua visão, a sua energia e sua concentração logo iriam por água abaixo. Os rappers sentiam que já haviam chegado aonde queriam e, inconscientemente, deixavam de se esforçar tanto quanto antes e investiam menos tempo em seu ofício. O súbito influxo de dinheiro lhes subia à cabeça; acreditavam ter o toque de Midas, e que assim seria para sempre. O sucesso de uma música ou álbum piorava as coisas. O fato de não construírem algo gradualmente – uma carreira, um futuro – faria com que tudo ruísse em poucos anos, quando rappers mais jovens e ávidos tomassem seu lugar. Sua vida seria então ainda mais triste por já terem sentido o gostinho da glória.

Para Curtis, a solução era simples: ele havia adentrado um novo mundo e precisava de um tempo para conhecê-lo bem. Na agitação do mundo do hip-hop, adotou um ritmo mais lento. Evitava as festas e se mantinha reservado. Decidiu encarar a Columbia Records como uma universidade, sua oportunidade de aprender sobre o setor. Gravava à noite e passava o dia inteiro nos escritórios da gravadora, conversando sobre o trabalho com pessoas de todos os departamentos. Aos poucos, foi aprendendo sobre marketing, distribuição e os detalhes básicos do negócio. Estudou todos os aspectos da produção, o que era preciso para emplacar um sucesso. Ensaiava sua música incessantemente. Quando a gravadora o enviou, junto com dezenas de outros rappers, a um retiro no interior do estado de Nova York para compor músicas, ele voltou com 36 músicas, enquanto os outros não compuseram mais de cinco ou seis.

Após o atentado que sofreu em 2000, a Columbia Records o dispensou, mas a essa altura ele não precisava mais da experiência da gravadora. Como já dito, havia acumulado tantos conhecimentos e habilidades que pôde empregá-los em sua campanha de distribuição de *mixtapes*, compondo canções em um ritmo alucinante e comercializando-as tão bem quanto um profissional. Foi avançando passo a passo, até que sua campanha chamou a atenção de Eminem, que o contratou para sua gravadora, a Interscope, em 2003.

Anos depois, já no mundo corporativo, Fifty descobriu que aquilo não era muito diferente das ruas. Muitos empresários e executivos que ele conhecia tinham o mesmo nível de impaciência. Só pensavam em termos de meses ou semanas. A relação deles com o dinheiro era emocional – uma forma de impor sua importância e alimentar o próprio ego. Eles lhe apresentavam planos que pareciam intrigantes no presente, mas não levavam a lugar nenhum. Essas pessoas não estavam em sintonia com as enormes mudanças que ocorriam no mundo nem planejavam explorá-las no futuro – seria muito trabalhoso e demorado.

Essas pessoas do mundo da música abordavam Fifty de todos os lados com ofertas de patrocínio que rapidamente lhe renderiam milhões. Pressupunham que ele era como os outros rappers e que não deixaria passar tais oportunidades. Mas nenhum tipo de patrocínio o ajudaria a construir algo sólido ou real. Era dinheiro ilusório. Fifty os rejeitou e optou por criar suas próprias empresas, com regras próprias – todas com uma identidade parecida, como os elos de uma corrente. Dessa vez, o objetivo era simples: construir um império duradouro. E, como antes, Fifty chegaria lá por meio de sua absoluta persistência.

A abordagem destemida

A maioria das pessoas não lida bem com o tédio. Isso significa que elas não conseguem insistir em uma coisa até dominá-la. Depois se perguntam por que estão infelizes.

— 50 CENT

A vida para nossos ancestrais mais primitivos era uma luta constante, implicando um trabalho interminável para encontrar comida e abrigo. Quando havia algum tempo livre, geralmente era reservado a rituais que dariam sentido a uma vida tão dura. Então, ao longo de milhares de anos de civilização, a vida aos poucos foi ficando mais fácil para muitos, e, com isso, o homem passou a ter cada vez mais tempo livre. Nesses momentos, não havia necessidade de arar o campo, ou de se preocupar com os inimigos ou as intempéries – só com algo a fazer com o tempo livre. Eis então que surgiu uma nova emoção neste mundo: o tédio.

Quando estamos no trabalho ou em outros compromissos, nossa mente está ocupada com várias tarefas; sozinhos, em casa, o tempo livre permite que a mente vagueie. Diante dessa liberdade, nossos pensamentos tendem a gravitar na direção de ansiedades com o futuro – possíveis problemas e perigos. Esse tempo livre ecoa levemente o eterno vazio da morte. Assim, junto com a nova emoção que aflige nossos ancestrais, surgiu um desejo que nos tortura até hoje: fugir do tédio a todo custo, para nos distrair dessas preocupações.

Os principais meios de distração são todas as formas de entretenimento público, as drogas, o álcool e as atividades sociais. Mas essas distrações semelhantes às drogas têm efeito temporário. Então ansiamos por diversões novas e mais rápidas que nos tirem de dentro de nós mesmos e nos distraiam da realidade cruel da vida, bem como do tédio traiçoeiro. Uma civilização inteira – a Roma Antiga – quase desabou sob o peso dessa nova necessidade de emoção. Sua economia acabou atrelada à criação de novos luxos e diversões que minaram o ânimo dos cidadãos; poucos estavam dispostos a sacrificar seus prazeres em nome do trabalho árduo ou do bem público.

Este é o padrão que o tédio criou para o ser humano desde então: buscamos diversões fora de nós mesmos e nos tornamos dependentes delas. As diversões têm um ritmo mais rápido do que o tempo que passamos no trabalho, que acaba sendo vivenciado como algo enfadonho, lento e repetitivo. Tudo o que é difícil, que exige esforço, é visto da mesma maneira: não é divertido, não é rápido. Se avançamos o suficiente nessa direção, achamos cada vez mais difícil reunir a paciência necessária para suportar o grande esforço necessário para dominar um ofício. Temos mais dificuldade de ficar sozinhos. Nossa vida passa a ser dividida entre o que é necessário (o tempo que passamos no trabalho) e o que é agradável (distrações e entretenimento). No passado, o tédio afetava basicamente a classe alta. Hoje, é algo que aflige quase todo mundo.

No entanto, existe outra relação possível com o tédio e o tempo ocioso, uma relação destemida que gera resultados muito diferentes da frustração e do escapismo. É o seguinte: você tem um objetivo maior que deseja alcançar na vida, algo que sente que está destinado a criar. Alcançar esse objetivo lhe dará muito mais satisfação do que as emoções fugazes de diversões externas. Para chegar lá, você terá que aprender um ofício – instruir-se e desenvolver as habilidades apropriadas. Todas as atividades humanas envolvem um processo que leva a seu domínio. Para atingir níveis cada vez mais altos de proficiência, é preciso aprender as várias etapas e procedimentos envolvidos. Isso requer disciplina e tenacidade, a capacidade de resistir a atividades repetitivas, à lentidão e à ansiedade que acompanham esse desafio.

Quando você começar a trilhar esse caminho, duas coisas acontecerão: primeiro, ter um objetivo maior tirará sua cabeça do momento presente e o ajudará a suportar o trabalho árduo e monótono. Em segundo lugar, à medida que aprimora seu trabalho ou habilidade, ele vai se tornando cada vez mais agradável para você. Você vê seu progresso; percebe conexões e possibilidades que antes não havia notado. Sua mente se concentra em dominar cada vez melhor o seu ofício e, graças a esse foco, você esquece todos os seus problemas: o medo do futuro ou o jogo sujo das pessoas. Mas, ao contrário da distração que vem de fontes externas, essa vem de dentro. Você está desenvolvendo uma habilidade para a vida inteira, o tipo de disciplina mental que vai servir como o alicerce de seu poder.

Para que isso funcione, é preciso escolher uma carreira ou ofício que realmente o entusiasme. Você não vai traçar uma linha divisória entre trabalho e prazer. Seu prazer virá de dominar o processo em si e da imersão mental que ele requer.

Nas ruas, paga-se pouco por atividades que não exigem nenhuma qualificação. Até o tráfico é enfadonho e não oferece nenhuma perspectiva de futuro. Diante dessa realidade, as pessoas podem seguir uma destas direções: fugir dessa realidade por meio das drogas, do álcool, do banditismo ou de qualquer outro prazer imediato, ou romper esse ciclo desenvolvendo uma intensa ética e uma rígida disciplina de trabalho. Quem segue nessa última direção tem profunda fome de poder e senso de urgência. O risco de uma vida inteira de empregos insatisfatórios ou distrações perigosas está à espreita o tempo todo. Essas pessoas aprendem a ter paciência e a fazer algo. No trabalho ou nas ruas, aprenderam desde cedo a suportar os longos e tediosos períodos necessários para dominar um processo. Não reclamam nem tentam fugir dessa realidade; ao contrário, a veem como um meio de alcançar a liberdade.

Quem não cresceu em um ambiente assim não sente essa conexão urgente entre disciplina e poder. Nosso trabalho não é tão monótono. "Quem sabe um dia não teremos uma grande surpresa no trabalho?", pensamos. Desenvolvemos certa disciplina na escola ou no trabalho, e isso nos basta. Mas, na verdade, estamos mesmo é nos iludindo. Muitas vezes, mal suportamos nossos empregos; vivemos para as horas livres e sonhamos com o futuro. No trabalho diário, não investimos todas as nossas faculdades mentais, porque ele não é tão emocionante quanto a vida lá fora. Desenvolvemos cada vez menos tolerância para momentos entediantes e atividades repetitivas. Se por acaso perdemos o emprego ou buscamos algo diferente, temos que enfrentar, de uma hora para outra, o fato de que não temos a paciência necessária para fazer a mudança certa. É preciso acordar antes que seja tarde demais e perceber que o verdadeiro poder e o sucesso só ocorrem quando se domina o processo, o que, por sua vez, depende de um alicerce de disciplina que aperfeiçoamos constantemente.

Os tipos destemidos da história inevitavelmente mostram mais tolerância na vida para tarefas entediantes e repetitivas do que a maioria de nós. Isso lhes permite se destacar em sua área de atuação e dominar seu ofício. Em parte, isso ocorre porque, cedo na vida, eles veem os resultados tangíveis do rigor e da paciência. A história de Isaac Newton é particularmente ilustrativa nesse sentido. No início de 1665, Newton, então com 23 anos, estudava na Universidade de Cambridge e estava prestes a fazer os exames para se formar em matemática, quando, de repente, a peste eclodiu em Londres. As mortes eram terríveis e se multiplicavam diariamente; muitos londrinos fugiram para o campo, espalhando a peste por toda parte. No verão, Cambridge teve que fechar e, por uma questão de segurança, os alunos se dispersaram em todas as direções.

Para esses alunos, nada poderia ter sido pior. Eles foram forçados a viver em vilarejos dispersos e experimentaram medo e isolamento intensos nos vinte meses seguintes, enquanto a peste se espalhava por toda a Inglaterra. Sua mente ativa não tinha nada com que se ocupar, e muitos ficaram loucos de tédio. Para Newton, entretanto, os meses da peste representaram algo totalmente diferente. Ele voltou para a casa da mãe em Woolsthorpe, Lincolnshire. Em Cambridge, ele havia lidado em vão com uma série de problemas matemáticos que torturavam não apenas seus pensamentos, mas também os de seus professores. Então ele decidiu que passaria o tempo em Woolsthorpe trabalhando nesses problemas. Levou consigo vários livros de matemática e começou a estudá-los detalhadamente. Todos os dias ele voltava aos mesmos problemas, enchendo seus cadernos com cálculos intermináveis.

Quando o tempo estava bom, ele saía para dar uma caminhada e continuava seus devaneios, sentado no pomar de maçã ao redor da casa. Olhava para uma maçã pendurada em um galho, aos seus olhos do mesmo tamanho que a lua no céu, e refletia sobre a relação entre as duas – o que mantinha a maçã na árvore e a outra na órbita da Terra –, e assim desenvolveu suas ideias sobre a gravidade. Olhando para o sol e seu efeito óptico em tudo ao seu redor, começou a realizar experimentos sobre o movimento e as propriedades da luz. Sua mente fluiu naturalmente dos problemas de geometria para como tudo aquilo estava relacionado com o movimento e a mecânica.

Quanto mais mergulhava nesses estudos, mais ele encontrava conexões e mais *insights* tinha. Resolveu um problema após o outro, e seu ímpeto e entusiasmo cresciam ao perceber os saberes poderosos que desenvolvia. Enquanto os outros ficaram paralisados pelo tédio e pelo medo, ele passou aqueles vinte meses sem pensar na peste nem se preocupar com o futuro. E, naquele período, criou basicamente a matemática, a mecânica e a óptica modernas. O período costuma ser considerado o mais prolífico e concentrado do pensamento científico na história da humanidade. Claro, Isaac Newton tinha uma mente excepcional, mas ninguém em Cambridge havia suspeitado de tamanha capacidade. Foi necessário um período de isolamento forçado e trabalho repetitivo para que ele se transformasse em um gênio.

Quando analisamos personalidades que se destacaram na história, tendemos a nos concentrar em suas conquistas. Ficamos facilmente deslumbrados e encaramos seu sucesso como produto da genética, quem sabe de alguns fatores sociais. Esses indivíduos são talentosos, e presumimos que jamais alcançaremos o nível deles de genialidade e conhecimento. Só que optamos por ignorar o período significativo que cada um deles dedicou a um aprendizado enfadonho em sua área. O que os incentivou a continuar foi o poder que descobriam ao dominar determinadas etapas. Os *insights* repentinos que tiveram nos parecem dignos de gênios, mas na verdade fazem parte de qualquer processo de aprendizado intenso.

Se ao menos estudássemos essa parte da vida deles, e não os personagens lendários que acabariam por se tornar, entenderíamos que também podemos ter parte dessa capacidade, ou toda ela, se mergulharmos profunda e pacientemente em qualquer campo de estudo. Muitas pessoas não conseguem suportar o tédio que isso pode gerar; temem seguir um caminho tão difícil. Preferem as distrações, ilusões e sonhos, ignorando os grandes prazeres que aguardam aqueles que decidem dominar a si mesmos e um ofício.

A CHAVE PARA NÃO TER MEDO

Todos os problemas do homem derivam de não saber sentar-se quieto, sozinho em um lugar.

— BLAISE PASCAL

Todos passamos pelo mesmo processo para aprender a falar. No início, vivenciamos um certo nível de frustração – temos desejos e necessidades que gostaríamos de expressar, mas não temos as palavras. Aos poucos, vamos adquirindo expressões e assimilando padrões de fala. Acumulamos vocabulário, palavra por palavra. É um processo parcialmente entediante, mas a curiosidade e a vontade de saber nos motivam. A certa altura, alcançamos um nível de fluência que nos permite nos comunicar na velocidade do pensamento. Em pouco tempo, não precisamos mais pensar – as palavras surgem naturalmente e, às vezes, quando estamos inspirados, elas saem de nossa boca de uma maneira que sequer sabemos explicar. Aprender a falar um idioma – seja o nativo ou um estrangeiro – envolve um processo que não temos como evitar. Não existem atalhos.

O aprendizado de um idioma define o padrão para todas as atividades humanas, sejam elas puramente intelectuais ou físicas. Para dominarmos um instrumento musical ou um jogo, começamos no nível mais baixo de proficiência. O jogo nos parece enfadonho enquanto aprendemos as regras e o praticamos em um nível básico. Exatamente como ocorre com o aprendizado de um idioma, ficamos frustrados. Vemos os outros jogando bem e imaginamos qual é a sensação, mas estamos presos nesse modo da prática entediante e repetitivo. A certa altura, ou cedemos à nossa frustração e abandonamos o processo ou seguimos em frente, intuindo o poder que nos espera logo ali na esquina. Lentamente nossa capacidade cresce e a frustração diminui. Não precisamos mais pensar muito; somos surpreendidos por nossa fluência e pelas conexões mentais que acontecem instantaneamente.

Uma vez que alcançamos certo nível de maestria, constatamos que existem outros níveis e desafios mais elevados. Se formos pacientes e disciplinados, prosseguimos. A cada nível, novos prazeres e *insights* – que nem suspeitávamos que teríamos no início do aprendizado – nos aguardam. Podemos levar o processo adiante até onde desejarmos. Em toda atividade humana há sempre um nível mais alto ao qual aspirar.

Durante milhares de anos, esse conceito de aprendizagem constituiu uma parte fundamental do saber prático. Estava incorporado ao conceito de domínio de um ofício. A sobrevivência humana dependia da construção de instrumentos, edifícios, navios e muito mais. Para fazer o trabalho bem-feito, era preciso aprender o ofício, passando anos como aprendiz, e avançando passo a passo. Com o advento da imprensa e de livros que podiam ser amplamente distribuídos, essa paciência e disciplina foram aplicadas à educação – à aquisição formal de conhecimento. Quem se dizia culto sem acumular conhecimento durante anos era desprezado, considerado charlatão e impostor.

Hoje, porém, chegamos a um ponto perigoso no qual esse saber fundamental está sendo esquecido. Isso se deve em grande parte ao lado destrutivo da tecnologia. Todos entendemos seus imensos benefícios e o poder que ela nos oferece. No entanto, junto à enorme velocidade e facilidade com que podemos conseguir o que desejamos, surgiu um novo padrão de pensamento. Somos impacientes por natureza. Sempre tivemos dificuldade de aceitar que nem sempre conseguimos o que desejamos. A velocidade crescente da tecnologia acentua esse aspecto imaturo de nosso caráter. O lento acúmulo de conhecimento nos parece desnecessariamente enfadonho. O aprendizado deve ser divertido, rápido e fácil. Na internet, podemos estabelecer conexões instantâneas e ler sobre vários assuntos superficialmente. Passamos a valorizar a amplitude do conhecimento, não a qualidade; a capacidade de ir de um ponto a outro, não a de nos aprofundarmos até encontrar a origem de um problema e descobrir como as coisas funcionam.

Perdemos a noção de processo. Nessa atmosfera, os charlatões prosperam como erva daninha. Eles oferecem o antigo mito da transformação instantânea – o atalho para o poder, a beleza e o sucesso – em forma de livros, cursos on-line, seminários e "segredos" milenares redescobertos. E encontram muitos tolos a quem enganar.

Esse novo padrão de pensamento e aprendizagem não significa progresso. Em vez disso, produz, sim, um fenômeno que chamaremos de "curto-circuito". Chegar ao fim de alguma coisa, dominar um processo, exige tempo, foco e energia. Quando nos distraímos e deixamos a mente vagar incessantemente de uma coisa para outra, temos cada vez mais dificuldade de focar em algo por horas, muito menos por meses e anos. Sob essa influência, a mente tende a entrar em curto-circuito e não consegue chegar ao fim de uma tarefa – quer logo passar para algo que pareça mais instigante. É difícil fazer algo bem-feito quando se perde o foco, e é por isso que vemos cada vez mais a oferta de produtos de baixa qualidade, produzidos sem atenção aos detalhes.

Entenda: o verdadeiro segredo, a verdadeira fórmula do poder neste mundo, está em aceitar a dura realidade de que a aprendizagem passa por um processo, que por sua vez exige paciência e capacidade de suportar o trabalho monótono. À primeira vista, essa verdade não é nada atraente ou sedutora, mas é baseada em algo autêntico e substancial, uma tradição antiga que nunca será invalidada. O segredo é a intensidade do seu desejo. Se você quer dominar algo e ter poder, assimile profundamente essa ideia e grave-a em sua mente: não existem atalhos. Desconfie de tudo que é rápido e fácil. Você será capaz de suportar os meses iniciais de trabalho insípido e repetitivo porque tem um objetivo maior. Isso evitará que entre em curto-circuito e saiba muito sem dominar nada. No fim, o que você estará de fato fazendo é dominando a si mesmo – sua impaciência, seu medo do tédio e do tempo ocioso, sua necessidade de diversão e entretenimento constantes.

A seguir, cinco estratégias valiosas para desenvolver uma relação adequada com os processos.

Progresso por tentativa e erro

Depois de se envolver em muitas brigas nas ruas quando era adolescente, Jack Johnson pensou que um dia seria um grande lutador. No entanto, ele era negro e pobre demais para pagar um treinador. Assim, em 1896, aos 18 anos, ele iniciou um processo surpreendente. Procurava toda e qualquer luta imaginável que pudesse travar no ringue, qualquer que fosse o tipo de adversário. No início, levou surras terríveis de boxeadores que o usavam como *sparring*. Mas, como essa era a única maneira que ele tinha de se preparar, logo aprendeu a ser o mais esquivo possível, a prolongar as lutas a fim de aprender.

Naquela época, as lutas podiam chegar a vinte *rounds*, e o objetivo de Johnson era torná-las o mais longas possível. Durante esse tempo, ele estudava cuidadosamente seus adversários. Observou que alguns adotavam padrões de movimentos e que outros sinalizavam os golpes que dariam. Podia classificá-los pelo olhar e pela linguagem corporal. Aprendeu a provocar alguns, levando-os a um acesso de fúria, a fim de estudar suas reações; outros ele deixava sonolentos, com um estilo calmo, e observava os efeitos desse comportamento também.

Seu método era extremamente doloroso – significava 15 a 20 lutas por ano. Ele levou muitos golpes pesados. Embora pudesse nocautear a maioria de seus adversários, preferia se esquivar e aprender na prática. Isso significava ouvir infinitas provocações do público predominantemente branco, chamando-o de covarde. Devagar, porém, seus esforços começaram a dar frutos. Johnson havia enfrentado tantos adversários que passou a reconhecer o estilo de cada um deles assim que a luta começava. Percebia seus pontos fracos e sabia exatamente quando deveria atacar sua presa. Acostumou-se – mental e fisicamente – ao ritmo de uma luta longa e cansativa. Adquiriu uma noção intuitiva do espaço do ringue e de como exaurir seus adversários ao longo de vinte rounds. Muitos deles confessaram mais tarde que ele parecia capaz de ler o que se passava na mente deles; Johnson estava sempre um passo à frente. Seguindo esse caminho, em poucos anos tornou-se campeão mundial dos pesos pesados, e o melhor boxeador de sua época.

Com muita frequência, nosso conceito de aprendizagem consiste em assimilar ideias de livros, fazer o que os outros dizem e talvez praticar alguns exercícios controlados. Essa ideia, porém, é incompleta e temerosa, pois se distancia da experiência prática. Somos criaturas que realizam coisas; não apenas as imaginamos. Para dominar qualquer processo, é preciso aprender por tentativa e erro. Experimente, leve alguns golpes e veja o que funciona e o que não funciona em tempo real. Exponha-se ao escrutínio público e faça o mesmo com seu trabalho. Seus fracassos ficam gravados no seu sistema nervoso; você não vai querer repeti-los. Seus sucessos são associados à experiência imediata e lhe ensinam ainda mais. Você passa a respeitar profundamente o processo, pois vê e sente o progresso que a prática e o esforço constante proporcionam. Indo mais longe, você adquire uma noção imediata do que precisa ser feito, pois seu conhecimento está associado a algo físico e visceral. E ter essa intuição é o ponto máximo da maestria.

Domine algo simples

Muitas vezes temos uma sensação geral de insegurança porque na verdade nunca dominamos nada na vida. Inconscientemente, nos sentimos fracos e acreditamos não estar à altura da tarefa. Antes mesmo de começarmos qualquer coisa, sentimos que vamos fracassar. A melhor maneira de superar isso de uma vez por todas é atacar essa fraqueza de frente e desenvolver um padrão de autoconfiança. Para isso, o primeiro passo é abordar algo simples e básico, que nos dá uma prova do poder ao nosso alcance.

Decidido a superar seu enorme medo de falar em público, Demóstenes – uma das maiores figuras políticas da antiga Atenas – seguiu esse caminho. Ele foi uma criança frágil e nervosa. Gaguejava e parecia sempre ofegante. Era constantemente ridicularizado. O pai havia morrido quando ele era jovem e lhe deixara uma boa herança, mas os tutores lhe roubaram tudo. Foi aí que Demóstenes decidiu se tornar advogado e levá-los à Justiça. No entanto, um advogado tinha que ser um orador eloquente, e nisso ele era um imenso fracasso. Demóstenes decidiu então renunciar ao direito – parecia uma profissão difícil demais. Com o pouco dinheiro que lhe restara, ele se retiraria do mundo e tentaria de alguma forma controlar seu problema de fala. Assim, poderia seguir pelo menos uma carreira pública.

Construiu um estúdio subterrâneo onde poderia praticar sozinho. Raspou metade da cabeça, pois assim teria vergonha de sair em público. Para superar a gagueira, caminhava pela praia com a boca cheia de pedrinhas, para se obrigar a falar sem parar, com mais força e energia que as ondas. Escreveu discursos que recitou enquanto corria em encostas íngremes para desenvolver melhores técnicas de respiração. Instalou um espelho no estúdio, para monitorar sua expressão facial enquanto declamava. Envolvia-se em longas conversas com quem o visitasse e media os efeitos de cada palavra ou entonação. Em um ano dessa prática dedicada, ele havia eliminado completamente a gagueira e se tornado um orador mais do que aceitável. Decidiu então voltar ao direito. A cada novo caso que ganhava, sua autoconfiança alcançava novos patamares.

Percebendo o valor da prática, ele passou a trabalhar no aprimoramento de seus discursos. Aos poucos, tornou-se o maior orador de Atenas. Essa recém-adquirida confiança se traduzia em tudo o que ele fazia. Demóstenes se tornou um líder político importante, reconhecido por seu destemor diante de qualquer inimigo.

Quando você se dedica a dominar um procedimento simples e superar uma insegurança básica, desenvolve certas habilidades que podem ser aplicadas a tudo. Você enxerga instantaneamente as recompensas que advêm da paciência, da prática e da disciplina. E sente que pode resolver quase todos os problemas da mesma maneira. Você cria um padrão de autoconfiança que vai continuar a crescer.

Internalize as regras do jogo

Como estudante de direito na Universidade Howard no início da década de 1930, Thurgood Marshall presenciou muitas injustiças sofridas por negros nos Estados Unidos, mas o que mais o incomodava eram as enormes desigualdades educacionais. Ele havia viajado pelo Sul em missões de investigação para a Associação Nacional para o Progresso das Pessoas de Cor (NAACP), e verificou pessoalmente a má qualidade das escolas reservadas aos negros. Além disso, ele mesmo havia sentido essa injustiça na pele. Seu desejo havia sido cursar a Universidade de Maryland, cuja Faculdade de Direito era excelente e ainda ficava perto de sua cidade. Mas a faculdade não admitia alunos negros, independentemente de seu histórico acadêmico. Os negros iam para universidades historicamente negras como a Howard, na época uma instituição menos qualificada. Marshall jurou que um dia, de alguma forma, ajudaria a desmantelar aquele sistema injusto.

Depois de se formar em Howard, em 1933, Marshall precisou tomar uma decisão fundamental para seu futuro. Ele havia recebido a oferta de uma bolsa de estudos em Harvard para fazer uma pós-graduação em direito. Era uma oportunidade incrível. Poderia conquistar um bom lugar para si no mundo acadêmico e promover suas ideias em várias publicações. Além disso, a Grande Depressão estava no auge e os empregos para negros eram escassos; um diploma de Harvard garantiria um futuro próspero. No entanto, algo o empurrou na direção oposta; ele decidiu abrir um escritório particular em Baltimore e aprender do zero como funcionava o sistema de justiça. A princípio, parecia uma decisão tola – ele tinha pouco trabalho e suas dívidas só aumentavam. Os poucos casos que conseguiu ele perdeu, e não sabia por quê. O sistema de justiça parecia ter suas próprias regras e códigos, aos quais ele não tinha acesso.

Marshall decidiu então empregar uma estratégia singular para superar o problema. Primeiro, certificou-se de que suas petições fossem obras-primas de investigação e detalhes, sem erros ou rasuras. Fazia questão de se vestir sempre de maneira absolutamente profissional e agir com extrema cortesia, sem parecer subserviente nem se rebaixar. Em outras palavras, não deu a ninguém o menor pretexto para censurá-lo. Desse modo, diminuiu a desconfiança, começou a ganhar alguns casos e conseguiu entrar no mundo dos advogados brancos. Agora ele podia estudar detalhadamente aquele mundo. Percebeu a importância de certas conexões e amizades, redes de poder que desconhecia. Entendeu que certos juízes exigiam determinado tratamento. Aprendeu a falar a língua deles e a se enquadrar socialmente. Descobriu que na maioria dos casos era preferível argumentar sobre detalhes menores do que sobre grandes conceitos.

Sabendo manobrar dentro dessas regras e convenções, começou a ganhar um número de casos cada vez maior. Em 1935, entrou com um processo contra a Universidade de Maryland defendendo um estudante negro rejeitado pela Faculdade de Direito daquela instituição e venceu. A partir daí, utilizou seus conhecimentos para combater todas as formas de segregação no sistema educacional, o que, em 1954, culminou em seu maior triunfo, quando assumiu perante a Suprema Corte dos Estados Unidos a defesa do caso *Brown v. Board of Education*. A decisão do tribunal, a seu favor, acabou com qualquer base para a segregação educacional no país. O que Marshall (que, mais tarde, foi a primeira pessoa negra a ser indicada para a Suprema Corte) havia aprendido ao mergulhar no sistema de justiça de sua época, controlado por brancos, foi que o processo social é tão importante quanto o legal ou o técnico. Isso não se aprende na faculdade, mas foi fundamental para sua capacidade de se infiltrar no sistema e levar adiante a causa que defendia.

Entenda: quando você entra em um grupo como parte de um trabalho ou carreira, há diversas regras de conduta que governam o comportamento – valores positivos e negativos, redes de poder que precisam ser respeitadas, padrões a seguir para uma ação bem-sucedida. Se você não observar e aprender pacientemente essas regras, cometerá todos os tipos de erros sem saber por quê ou como. Pense nas habilidades sociais e políticas como um ofício que você precisa dominar tão bem quanto qualquer outro. Na fase inicial do aprendizado, faça como Marshall e seja discreto. Seu objetivo aqui não é impressionar os outros com seu brilhantismo, mas aprender, pelo lado de dentro, quais são essas convenções. Fique atento a erros significativos cometidos por outros integrantes do grupo e pelos quais eles foram punidos – isso revelará tabus específicos dessa cultura. Com um conhecimento aprofundado dessas regras, você pode começar a usá-las a seu favor. Caso depare com um sistema injusto e corrupto, é muito mais eficaz conhecer internamente seus códigos e descobrir suas vulnerabilidades. Sabendo como funciona, você pode desmantelá-lo – de uma vez por todas e para sempre.

Sintonize-se com os detalhes

Como jovem artista-aprendiz na Itália da virada do século XV, Michelangelo teve que enfrentar uma limitação pessoal. Tinha ideias grandiosas sobre o que queria pintar e esculpir, mas não tinha a habilidade necessária para isso. Via as obras-primas de outros artistas e queria que as suas tivessem aura e efeito semelhantes, mas estava insatisfeito com a monotonia e o convencionalismo de suas criações. Ele então fez uma experiência: começou a copiar até a última pincelada suas obras-primas favoritas e descobriu que o efeito que tanto admirava estava embutido em determinados detalhes; a forma como esses artistas conseguiam criar figuras ou paisagens ganhava vida graças à sua atenção especial aos detalhes. Assim ele começou o extraordinário aprendizado de sua arte, que duraria o resto de sua vida e alteraria completamente sua forma de pensar.

Ao criar suas esculturas, Michelangelo ficou obcecado com a estrutura dos ossos, mas, para sua infelicidade, livros e técnicas sobre o assunto eram insatisfatórios. Ele então começou a dissecar cadáveres humanos, um após o outro. Isso lhe proporcionou uma profunda noção da anatomia humana, que agora podia reproduzir em seu trabalho. Também passou a interessar-se por textura, como cada tipo de tecido tinha uma maneira própria de se dobrar. Dedicou-se a aperfeiçoar a representação das roupas. Estendeu esses estudos de detalhes aos animais e seus movimentos. Quando recebia encomendas de obras maiores, evitava a velha tentação de começar com um conceito grandioso – em vez disso, examinava o material com o qual trabalharia, o espaço, os elementos individuais que o compunham e, a partir daí, concebia o formato e o efeito gerais. Com essa intensa atenção aos detalhes, Michelangelo parecia ter descoberto o segredo de dar vida às imagens de uma maneira que superava qualquer outro artista de sua época.

Muitas vezes, ao começarmos um projeto, tomamos como ponto de partida o lado errado. Tendemos a pensar primeiro no que desejamos alcançar, imaginando a glória e o dinheiro que aquilo nos trará. Em seguida, damos vida ao conceito. Mas, à medida que avançamos, perdemos a paciência, porque os passos em direção ao objetivo não são nem de perto tão emocionantes quanto as visões ambiciosas que imaginamos. Experimente a abordagem oposta, que pode levar a resultados muito diferentes. Se você tem um projeto que deseja pôr em prática, comece mergulhando nos detalhes do tema ou do campo. Analise os materiais com os quais precisa trabalhar, os gostos do seu público-alvo e os últimos avanços tecnológicos na área. Aprecie o mergulho cada vez mais fundo nessas minúcias – sua pesquisa deve ser intensa. A partir desse conhecimento, dê forma ao projeto em si, baseando-se na realidade, e não em conceitos insubstanciais criados em sua cabeça. Operar dessa maneira ajuda a desacelerar sua mente e a torná-lo paciente ao executar trabalhos detalhados, uma habilidade essencial para dominar qualquer ofício.

Redescubra sua persistência natural

Eis o dilema que todos enfrentamos: conquistar algo que valha a pena na vida leva tempo, às vezes muito tempo. No entanto, achamos difícil lidar com períodos tão longos. Estamos imersos na vida cotidiana; nossas emoções flutuam a cada segundo. Temos desejos imediatos que estamos constantemente tentando satisfazer. No longo período de que precisamos para atingir uma meta, somos atormentados por milhares de distrações e tentações que parecem ser mais interessantes. Perdemos nossos objetivos de vista e acabamos pegando algum desvio. Essa é a origem de muitos dos fracassos que temos na vida.

Para superar qualquer obstáculo ou tentação, é preciso ser persistente. Quando crianças, todos tínhamos essa qualidade porque éramos determinados; é preciso redescobrir e reviver essa característica de personalidade. Primeiro, é necessário entender o papel que o seu nível de energia desempenha no domínio de um processo e na realização de algo. Se assumir metas adicionais ou novas tarefas, perderá o foco e nunca alcançará o que desejava originalmente. Não há como seguir dois ou três caminhos ao mesmo tempo, portanto, evite essa tentação. Em segundo lugar, tente dividir as coisas e alocá-las em períodos menores. Você tem um objetivo maior, mas há etapas ao longo do caminho e outros passos dentro desses passos. Tais passos representam meses, em vez de anos. Alcançar essas metas menores proporciona uma sensação de progresso e recompensa tangíveis. Isso torna mais fácil para você resistir a distrações no caminho e avançar de maneira destemida. Lembre-se: nada resiste a um ataque prolongado e insistente vindo de você.

Mudança de perspectiva

Costumamos encarar o tédio como algo desagradável, que deve ser evitado a todo custo. Desde crianças, desenvolvemos o hábito de procurar qualquer atividade para eliminar essa sensação. Mas, se houver muita repetição, essa atividade também se torna entediante. Assim, durante toda a nossa vida, buscamos novas diversões – novos amigos, novas tendências a seguir, novas formas de entretenimento, novas religiões ou causas em que acreditar. Essa busca pode nos induzir a mudar de carreira e nos levar a vagar em busca de algo que sufoque esse desconforto. Em todas essas situações, porém, a causa do problema não é o tédio, mas nossa relação com ele.

Tente ver o tédio da perspectiva oposta – um alerta para diminuir o ritmo, parar essa busca incessante de distrações intermináveis. Talvez isso signifique forçar-se a passar um tempo sozinho, superando uma incapacidade infantil de ficar quieto. Ao trabalhar esse tédio autoimposto, você verá que sua mente se põe em ação – pensamentos novos e inesperados surgirão para preencher o vazio. Para se sentir inspirado, antes é preciso vivenciar um instante de vazio. Use esses momentos para avaliar o dia que chegou ao fim, para avaliar para onde você está indo. É um alívio não sentir a necessidade constante de entretenimento externo.

Em um nível mais elevado dessa reeducação, você pode escolher um livro para superar o tédio, mas, em vez de a leitura ser um procedimento passivo de diversão, você pode se engajar mentalmente num debate ou discussão com o autor, dando vida ao livro dentro da sua cabeça. Em um momento posterior, pode se dedicar a uma atividade extra – cultural ou física – cujo domínio requeira um processo repetitivo. Você descobrirá um efeito calmante na repetição. Assim, o tédio se tornará seu grande aliado e o ajudará a diminuir o ritmo e a desenvolver paciência e disciplina. Graças a esse processo, você suportará os inevitáveis momentos de vazio da vida e os transformará em prazeres particulares.

Hoje existem [...] indivíduos que preferem morrer a trabalhar em alguma coisa que não lhes dê prazer; são exigentes [...] e não têm interesse em recompensas copiosas se o trabalho em si não for a maior delas [...] não temem o tédio tanto quanto o trabalho sem prazer; na verdade, eles precisam de muito tédio para que seu trabalho seja satisfatório. Pois [...] para todos os espíritos criativos, o tédio é a desagradável "calmaria" da alma que precede uma viagem feliz e ventos auspiciosos.
— FRIEDRICH NIETZSCHE

9

Supere seus limites – Autoconfiança

A maneira como você se vê determina suas atitudes e suas conquistas na vida. Se acreditar que seu alcance é limitado, que não tem forças para enfrentar tantas dificuldades, que é melhor não ter tantas ambições, receberá o pouco que espera. Ciente dessa dinâmica, você deve se preparar para o oposto: querer mais, sonhar alto e acreditar ser uma pessoa destinada a algo grandioso. Sua autoestima depende de você – não da opinião alheia. Com uma confiança crescente em suas habilidades, você assumirá riscos que aumentarão suas chances de sucesso. As pessoas seguem aqueles que sabem para onde estão indo; portanto, cultive um ar de firmeza e ousadia.

A AMBIÇÃO DO TRAFICANTE

Deixe-me salientar que a liberdade não é algo que possa ser dado a alguém. A liberdade é algo que se conquista, e as pessoas são tão livres quanto querem ser.

— JAMES BALDWIN

Sabrina, mãe de Curtis Jackson, tinha uma grande ambição na vida: ganhar dinheiro suficiente para um dia conseguir se mudar com o filho da comunidade violenta onde moravam. Sabrina teve Curtis aos 15 anos, e naquela idade o único meio de ganhar dinheiro era vendendo drogas. A vida no tráfico era particularmente perigosa para uma jovem; para se proteger, ela criou uma presença intimidadora. Era mais dura e destemida do que muitos colegas do sexo masculino. Seu único ponto fraco era o filho – ela queria para ele um destino fora do tráfico. Para protegê-lo da vida que ela levava, deixou-o com os pais em Southside Queens. Sempre que podia, levava presentes para o filho e ficava de olho nele. Dali a pouco tempo poderiam morar em um lugar melhor.

Aos 23 anos, Sabrina foi assassinada em uma rixa entre traficantes. Daquele momento em diante, o destino de Curtis neste mundo foi selado. Ele agora estava sozinho – sem pais ou mentor para guiá-lo. Era quase certo que o seguinte cenário se concretizaria: ele acabaria nas ruas. Para demonstrar sua força, ele acabaria tendo que recorrer à violência e ao crime. Acabaria na prisão, à qual talvez retornasse várias vezes. Sua vida seria basicamente restrita ao bairro e, à medida que envelhecesse, poderia recorrer às drogas ou ao álcool para obter algum dinheiro, ou, na melhor das hipóteses, a uma sucessão de trabalhos servis. Todas as estatísticas sobre crianças sem pais em ambientes semelhantes apontavam para a certeza desse futuro limitado e sombrio.

No entanto, na mente de Curtis, algo muito diferente estava tomando forma. Sem a mãe, ele passava cada vez mais tempo sozinho, e começou a se entregar a fantasias que o levavam além do bairro. Ele se via como uma espécie de líder, talvez nos negócios ou na guerra. Visualizava em detalhes os lugares onde ia morar, os carros que teria, o mundo que um dia exploraria. Era uma vida de liberdade e possibilidades. Mas não eram meras fantasias – eram reais; estavam destinadas a acontecer. Ele as via com clareza. E mais importante: sentia que a mãe estava cuidando dele – a ambição e o foco dela estavam agora dentro dele.

Curiosamente, Curtis seguiria os passos e o objetivo de Sabrina: traficaria e então sairia do jogo. Para evitar o destino da mãe, desenvolveu a firme convicção de que nada poderia detê-lo – fossem uma bala, as intrigas de outros traficantes ou a polícia. Aquelas ruas não o limitariam.

O *timing* do atentado sofrido por Fifty foi particularmente doloroso: depois de anos vagando pelas ruas e tentando uma carreira na música, seu primeiro álbum estava prestes a ser lançado. Mas como já vimos, foi por causa do crime que a Columbia Records cancelou o lançamento e tirou Fifty do catálogo.

Ele teria que recomeçar. Nos meses seguintes, enquanto se recuperava dos ferimentos, começou a se recompor mentalmente, como fizera após o assassinato da mãe. Visualizava, ainda com mais detalhes do que antes, o caminho que agora seguiria. Ele conquistaria o mundo do rap com uma campanha de distribuição de *mixtapes* jamais vista. E alcançaria sucesso graças à sua enorme energia, à sua persistência, ao som ainda mais agressivo que criaria e à imagem que projetaria de um *gangsta* indestrutível.

Um ano após o atentado, ele estava a caminho de tornar essa visão uma realidade. Suas primeiras canções chegaram às ruas e causaram sensação. No entanto, à medida que avançava nesse caminho, percebeu que ainda havia um grande obstáculo à sua frente: os assassinos queriam terminar o trabalho e poderiam aparecer a qualquer momento. Fifty foi forçado a não chamar atenção e se manter em fuga, mas a sensação de que estava sendo perseguido era intolerável. Ele não ia viver assim, então concluiu que precisava de um grupo de discípulos unido para protegê-lo e ajudá-lo a superar o isolamento.

Para isso, pediu aos melhores amigos que convocassem uma reunião na casa dos avós no Southside Queens. A ideia era convidar seus fãs mais fervorosos no bairro – jovens leais e confiáveis. Todos teriam que ir armados para proteger a rua antes de Fifty aparecer.

Quando, no dia da reunião, Fifty finalmente entrou na sala de estar da casa dos avós, sentiu a empolgação e a energia. Havia ali mais de vinte jovens prontos para cumprir suas ordens. Ele lhes descreveu sua visão precisa do futuro. Sua música já fazia sucesso, mas faria muito mais. Tinha certeza de que em dois anos conseguiria um grande contrato com uma gravadora. Em sua mente, já ouvia as músicas de seu primeiro disco, visualizava a capa e o conceito geral – seria a história da sua vida. Esse álbum, ele garantiu, seria um sucesso fenomenal, porque ele havia encontrado uma espécie de fórmula para criar e divulgar suas canções. Ele não era um astro do rap comum, explicou. Não estava interessado no dinheiro nem na atenção; o que interessava era o poder. Ele usaria o dinheiro da venda dos discos para montar o próprio negócio. Isso era o destino – tudo em sua vida estava fadado a acontecer exatamente como aconteceu, inclusive a tentativa de assassinato, inclusive aquela mesma reunião.

Ele criaria um império comercial e queria todos ali ao seu lado. Ele lhes daria tudo de que precisassem, desde que se mostrassem dignos de confiança e compartilhassem de seu propósito. Poderiam ser rappers da gravadora que ele montaria ou organizadores de seus shows; ou poderiam ainda frequentar uma faculdade – ele bancaria tudo. Vocês são como a minha matilha, ele explicou; mas nada disso vai acontecer se o "lobo-alfa" for sacrificado. O que ele pedia em troca era a ajuda deles – ao lhe oferecer segurança, ao mantê-lo em contato com o que acontecia nas ruas, ao fazer parte do trabalho inicial de divulgação e distribuição das *mixtapes*. Ele precisava de seguidores, e as vinte pessoas ali naquela sala eram as escolhidas.

Quase todos aceitaram e, ao longo dos anos, muitos acabaram ocupando cargos importantes no império em expansão de Fifty. E, se parassem para pensar naquilo, teriam achado extraordinário que o futuro fosse tão parecido com o quadro que ele pintara tantos anos antes.

Em 2007, após o tremendo sucesso de seus dois primeiros álbuns, Fifty começou a perceber um problema no horizonte. Ele havia criado uma imagem para o público, um Fifty mítico centrado em uma presença agressiva, ameaçadora e indestrutível. A imagem foi projetada em seus vídeos e entrevistas, assim como em suas fotos, com o olhar duro e as tatuagens. A maior parte disso era real, mas era um comportamento que ele exagerava para criar uma marca forte. Essa imagem atraiu muita atenção, mas estava se transformando em uma armadilha complicada. Para provar aos fãs que continuava o mesmo de sempre, teria que aumentar as apostas e adotar atitudes cada vez mais exageradas. Não podia se dar ao luxo de parecer que tinha amolecido. Só que aquilo já não era mais real *para ele*. Sua vida agora era diferente, e agarrar-se a essa imagem do passado seria o maior limite para sua liberdade. Ele ficaria preso no passado, prisioneiro da imagem que ele mesmo havia criado. Tudo isso se perderia e sua popularidade cairia.

Em cada fase de sua vida, ele se vira desafiado por um obstáculo aparentemente intransponível: sobreviver na rua sem pais para orientá-lo, manter-se longe da violência e da prisão, escapar dos assassinos que o perseguiam, e assim por diante. Se em algum momento tivesse duvidado de si mesmo ou aceitado os limites normais à sua mobilidade, teria morrido, ou se sentido impotente, o que para ele era o mesmo morrer. O que o salvou foram a intensidade de sua ambição e a crença que tinha em si mesmo.

Agora não era hora de ser complacente nem duvidar do futuro. Ele teria que se transformar de novo. Removeria as tatuagens; talvez também mudasse de nome novamente. Criaria uma nova imagem e um novo mito, mais apropriado a esse período de sua vida – parte magnata dos negócios, parte agente do poder, afastando-se gradualmente dos olhos do público e mostrando sua força nos bastidores. Isso surpreenderia o público, o colocaria um passo à frente das expectativas das pessoas e derrubaria mais uma barreira à sua liberdade. Reinventar-se assim seria a inversão suprema do destino que parecia aguardá-lo após a morte da mãe.

A ABORDAGEM DESTEMIDA

A opinião que você tem de si mesmo passa a ser a sua realidade. Se duvidar de si mesmo, ninguém vai acreditar em você e tudo dará errado. Se você pensar de outra forma, o oposto acontecerá. É simples assim.
— 50 CENT

Quando você nasceu, chegou ao mundo sem identidade nem ego. Você era simplesmente um feixe de impulsos e desejos caóticos. Aos poucos, porém, adquiriu uma personalidade, que desenvolveu mais ou menos ao longo dos anos. É sociável ou tímido, ousado ou esquivo – uma combinação de várias características que o definem. Você tende a aceitar essa personalidade como algo real e estabelecido. No entanto, grande parte dessa identidade é moldada e construída por forças externas – os julgamentos e opiniões de centenas de pessoas que cruzaram seu caminho ao longo dos anos.

O processo começou com seus pais. Quando criança, você prestava muita atenção ao que eles diziam sobre você e modelava seu comportamento para obter o amor e a aprovação deles. Monitorava cuidadosamente a linguagem corporal deles para ver do que gostavam e do que não gostavam. Muito disso teve enorme impacto em sua evolução. Se, por exemplo, eles comentassem sobre sua timidez, o comentário poderia facilmente reforçar suas tendências nessa direção. De uma hora para outra, você se deu conta da sua timidez e a internalizou ainda mais. Se tivessem falado outra coisa para encorajá-lo em suas habilidades sociais e torná-lo mais comunicativo, o impacto teria sido muito diferente. No entanto, a timidez é um traço fluido – ela flutua dependendo da situação e das pessoas ao seu redor. Nunca deve ser vista como um traço de personalidade fixo. No entanto, os julgamentos dos pais, amigos e professores têm um peso enorme e são internalizados.

Muitas dessas críticas e opiniões não são nem um pouco objetivas. As pessoas querem enxergar certas qualidades em você. Projetam em você os próprios medos e fantasias. Querem que você se enquadre em um padrão convencional; para elas, é frustrante e muitas vezes assustador quando não conseguem entender alguém. Comportamentos considerados anormais ou diferentes, não importa quanto sejam profundos, são ativamente desencorajados. A inveja também desempenha aqui um papel – se você for muito bom em algo, pode ser que isso o faça se sentir estranho ou indesejável. Muitas vezes, até mesmo o elogio é uma forma de prendê-lo a determinados ideais que os outros querem ver em você. Tudo isso molda sua personalidade, limita sua gama de comportamentos e se torna uma máscara que endurece em seu rosto.

Entenda: você é, de fato, um mistério para si mesmo. Começou a vida como um ser completamente único – uma combinação de qualidades que nunca se repetirão na história do universo. Em seus primeiros anos, era um aglomerado de emoções e desejos conflitantes. Então, a realidade começa a tomar forma ao seu redor, trazendo novos sentimentos e sensações. Você é muito mais caótico e fluido do que esse personagem superficial; você está cheio de possibilidades e potenciais inexplorados.

Quando criança, você não tinha poder para resistir a esse processo, mas, na idade adulta, pode se rebelar e redescobrir sua individualidade. Pode parar de obter dos outros sua identidade e valor próprio. Pode experimentar e superar os limites que as pessoas lhe impuseram. Pode agir de maneira diferente do esperado. Mas isso envolve correr riscos. Você estaria se libertando de convenções, talvez sendo um pouco estranho aos olhos de quem o conhece. Poderia falhar e ser ridicularizado. É mais confortável e seguro se ajustar às expectativas do outro, mesmo que isso faça você se sentir mal, limitado. Em suma, você tem medo de si mesmo e do que pode se tornar.

Mas existe outra maneira mais corajosa de assumir o controle de sua vida. Comece desvencilhando-se das opiniões dos outros. Não é tão fácil quanto parece. Você terá que desistir do hábito de medir seu valor pelos outros. Terá que experimentar a sensação de não se importar com o que os outros pensam ou esperam de você. Não retroceda ou avance tendo em mente as opiniões deles. Abafe as vozes que muitas vezes geram dúvidas em você. Em vez de se concentrar nos limites que você internalizou, pense no potencial que tem para um comportamento novo e diferente. Você pode alterar e moldar sua personalidade se decidir fazê-lo de forma consciente.

Nós mal entendemos o papel que a força de vontade desempenha em nossas ações. Melhorar sua opinião sobre si mesmo e sobre sua capacidade tem uma influência decisiva sobre o que você faz. Por exemplo, você se sente melhor em assumir um risco quando sabe que será capaz de levantar se cair. Assumir esse risco aumentará sua energia – você precisa enfrentar esse desafio ou fracassar, e encontrará reservatórios inexplorados de criatividade dentro de si. As pessoas são atraídas por quem tem coragem, e a atenção e a fé que elas dedicam a você aumentarão sua confiança. Sentindo-se menos limitado pelas dúvidas, você solta as rédeas da sua individualidade, o que torna tudo que faz mais eficaz. Esse movimento na direção da confiança cria um inegável senso de autossatisfação.

Aumentar a autoconfiança não significa desconsiderar as opiniões alheias sobre suas atitudes. É importante avaliar constantemente como as pessoas recebem seu trabalho e usar esse feedback da melhor maneira possível (veja capítulo 7). No entanto, esse processo deve partir da força interior. Se depender dos julgamentos dos outros para se sentir valioso, seu ego será sempre fraco e frágil. Você não terá equilíbrio, se deixará abalar pelas críticas e seu ego ficará demasiadamente inflado pelos elogios. As opiniões dos outros devem apenas ajudar a moldar seu trabalho, não sua autoimagem. Se cometer erros, se for julgado negativamente pelo público, você terá uma essência inabalável que pode aceitar tais julgamentos, sem que duvide do seu próprio valor.

Em áreas carentes como as comunidades pobres, a visão que as pessoas têm de si e do que merecem está sob constante ataque. Aqueles que vivem fora da comunidade tendem a considerar violentas, perigosas ou indignas as pessoas que vêm dessas áreas, como se o lugar em que nasceram determinasse quem elas são. As pessoas tendem a internalizar muitos desses julgamentos e, talvez, no fundo, não se sintam merecedoras do que é considerado bom neste mundo. Aqueles que vêm dessas comunidades e desejam superar os ditames do mundo exterior têm que lutar com o dobro de energia e obstinação. Precisam, antes de tudo, convencer a si mesmos de que são dignos de muito mais e que podem chegar aonde quiserem com sua força de vontade. A intensidade de sua ambição torna-se o fator decisivo. Tem que ser extremamente alta. É por isso que muitas das figuras mais ambiciosas e confiantes da história emergem das circunstâncias mais pobres e hostis.

Para aqueles de nós que não vivem em tais ambientes, "ambição" tornou-se quase um palavrão. Está associada a figuras históricas como Ricardo

III ou Richard Nixon. Chegar ao topo cheira a insegurança e maldades. As pessoas que desejam intensamente o poder devem ter problemas psicológicos, ou assim pensamos. Grande parte desse puritanismo social em torno da ideia de poder e ambição vem de uma culpa inconsciente e do desejo de subjugar os outros. Para quem ocupa uma posição privilegiada, a ambição que vem de baixo é alarmante e ameaçadora.

Se você vem de um ambiente relativamente próspero, é provável que tenha absorvido parte desse preconceito, mas é fundamental que o elimine o quanto antes. Se acreditar que a ambição é ruim e deve ser disfarçada ou reprimida, terá que viver pisando em ovos em suas relações com os outros, fingindo humildade e hesitando sempre que precisar exercer poder. Se você a vê como algo belo, a força motriz por trás de todas as grandes realizações humanas, não se sentirá culpado em aumentar seu nível de ambição e afastar quem estiver em seu caminho.

Um dos homens mais destemidos da história foi, sem dúvida, Frederick Douglass, o grande abolicionista do século XIX. Douglass nasceu no sistema mais cruel que o homem já conheceu: a escravização. Trata-se de um sistema pensado em cada detalhe para abater o espírito humano. Para tanto, separava a pessoa da família, para que ela não desenvolvesse laços emocionais. Usava ameaças constantes e terror para esmagar toda e qualquer noção de livre-arbítrio, e certificava-se de manter os escravizados analfabetos e ignorantes. Eles deviam formar a pior opinião possível sobre si mesmos. O próprio Douglass sofreu todos esses infortúnios quando criança, mas, por alguma razão, desde a mais tenra infância, ele sabia que era merecedor de muito mais, que algo poderoso havia sido esmagado nele, mas que poderia voltar à vida. Quando criança, ele se via escapando das garras da escravização, e se alimentou desse sonho.

Em 1828, aos 10 anos, Douglass foi enviado por seu senhor para trabalhar na casa de um genro em Baltimore, Maryland. Douglass viu isso como uma espécie de providência trabalhando a seu favor, pois significava escapar do trabalho árduo na plantação e ter mais tempo para refletir. Em Baltimore, a dona da casa lia a Bíblia continuamente, e um dia Douglass pediu que ela o ensinasse a ler. Ela aceitou prontamente e ele aprendeu muito rápido. Ao tomar conhecimento disso, o senhor da casa repreendeu severamente a esposa – segundo ele, um escravizado nunca deveria ter permissão para aprender a ler ou escrever – e a proibiu de continuar com seus ensinamentos. Douglass, porém, agora já conseguia se virar sozinho e passou a pegar livros e dicionários às escondidas. Ele memorizava discursos famosos e os repetia mentalmente durante o dia, imaginando-se um grande orador clamando contra os males da escravização.

Com seu crescente conhecimento do mundo exterior, Douglass passou a ressentir-se com amargura ainda maior da vida que era forçado a levar. Isso influenciou sua atitude, e seus senhores perceberam. Aos 15 anos, foi enviado para uma fazenda administrada por um certo Sr. Covey, cuja única tarefa na vida era subjugar o espírito de escravizados rebeldes.

Covey, porém, não teve sucesso. Douglass já havia criado uma identidade própria em sua mente, que não correspondia à que Covey queria lhe impor. Essa imagem de seu alto valor, no qual ele acreditava com todas as suas forças, se tornaria realidade. Ele conseguiu manter sua liberdade interior e sua sanidade. Transformou todas as chicotadas e maus-tratos em um incentivo para fugir para o Norte; isso lhe deu mais material para que um dia pudesse falar ao mundo sobre os males da escravidão. Anos depois, Douglass conseguiu fugir para o Norte. Lá, ele se tornou um líder abolicionista e acabou fundando o próprio jornal, sempre superando os limites que os outros tentavam lhe impor.

Entenda: as pessoas sempre vão atacá-lo. Uma das principais armas que usarão contra você será fazê-lo duvidar de si mesmo – de seu valor, de suas habilidades, de seu potencial. Muitas vezes, vão disfarçar essa tática como opinião objetiva, mas invariavelmente ela serve a um propósito político – o que elas querem é subjugá-lo. É fácil acreditar nessas opiniões, sobretudo se sua autoimagem for frágil, mas a qualquer momento você pode desafiar as pessoas e negar-lhes esse poder. Uma forma de fazer isso é manter um propósito, definir um destino ambicioso a cumprir. A partir dessa posição, os ataques dos outros não o machucam; apenas o irritam e fortalecem sua resolução. Quanto mais alto você elevar essa imagem de si mesmo, menos julgamento e manipulação tolerará, resultando em menos obstáculos no seu caminho. Se alguém como Douglass pôde forjar essa atitude nas circunstâncias injustas em que viveu, então certamente devemos ser capazes de encontrar nosso próprio caminho para desenvolver nossa força interior.

A CHAVE PARA NÃO TER MEDO

Os desejos livres e irrestritos de uma pessoa, seus caprichos [...] tudo isso é precisamente aquilo que não se encaixa em nenhuma classificação e que desafia constantemente todos os sistemas e teorias. E de onde nossos sábios tiraram a ideia de que o ser humano deve ter desejos normais e virtuosos? O ser humano precisa apenas de seus desejos independentes, qualquer que seja o custo dessa independência e aonde quer que ela leve.

— FIÓDOR DOSTOIÉVSKI

No mundo de hoje, nossa ideia de liberdade está amplamente ligada à capacidade de satisfazer certos desejos e necessidades. Sentimo-nos livres ao conseguir o emprego desejado, comprar o que queremos e nos envolvermos em uma ampla gama de comportamentos, contanto que não prejudiquem os outros. Nesse conceito, a liberdade é algo essencialmente passivo – ela nos é dada e garantida pelo governo (muitas vezes sem se meter em nossos problemas) e por diversos grupos sociais.

Contudo, existe um conceito de liberdade completamente diferente. Não se trata de algo que alguém nos concede como privilégio ou direito, mas um estado de espírito que devemos nos esforçar para alcançar e manter com muito esforço. É uma liberdade ativa, não passiva. Resulta do exercício do livre-arbítrio. No nosso dia a dia, muitas de nossas ações não são livres e independentes. Tendemos a ajustar nosso comportamento e pensamento às normas sociais. Geralmente, fazemos isso por hábito, sem refletir sobre o porquê de nossas ações. Quando agimos livremente, ignoramos quaisquer pressões para nos conformar; vamos além de nossas rotinas habituais. Ao afirmarmos nossa vontade e individualidade, prosseguimos com autonomia.

Digamos que temos uma carreira que nos propicia dinheiro suficiente para vivermos confortavelmente e nos oferece um futuro razoável. No entanto, esse emprego não é plenamente satisfatório nem nos leva aonde queremos. Talvez também tenhamos um chefe difícil e autoritário. Nosso medo do futuro, nossos hábitos confortáveis e nossa noção de segurança nos fazem permanecer no emprego. Todos esses fatores são forças que nos limitam e restringem. No entanto, a qualquer momento podemos superar o medo e largar esse emprego, sem saber exatamente o que vem a seguir, mas confiantes de que podemos nos sair melhor. Nesse momento, exerceremos nosso livre-arbítrio, derivado dos nossos desejos e necessidades mais profundos. Assim que tomarmos essa decisão, nossa mente estará pronta para o desafio. Para continuar nesse caminho, devemos realizar mais ações independentes, pois não podemos depender de hábitos ou amigos para nos conduzir. A liberdade de ação tem *momentum* próprio.

Muitos argumentarão que a ideia de liberdade ativa é basicamente uma ilusão. Somos produtos do nosso meio, é o que dizem. Se as pessoas alcançam o sucesso, é porque se beneficiaram de circunstâncias sociais favoráveis – estavam no lugar certo na hora certa; receberam educação e orientação adequadas. Sua força de vontade teve seu papel, sem dúvida, mas é um papel secundário. Se as circunstâncias fossem outras, prossegue o argumento, essas pessoas não teriam tido o sucesso que obtiveram, por mais forte que fosse sua força de vontade.

Diversos estudos e estatísticas podem ser mencionados para sustentar esse argumento, mas, em última análise, esse conceito é simplesmente um produto do nosso tempo e da ênfase na liberdade passiva. Ele opta por se concentrar nas circunstâncias e no meio, como se os atos excepcionalmente livres de um Frederick Douglass também pudessem ser explicados por sua fisiologia ou pela sorte de ter aprendido a ler. Em suma, essa filosofia *quer* negar a liberdade essencial que todos nós temos para tomar uma decisão independente de forças externas. Ela quer minimizar a individualidade – somos meros produtos de um processo social, insinua ele.

Entenda: a qualquer momento, você pode jogar essa filosofia e suas ideias no cesto de lixo, fazendo algo irracional e inesperado, diferente do que fez antes, um ato impossível de explicar por sua educação ou sistema nervoso. O que o impede não é sua mãe, seu pai ou a sociedade, mas seus próprios medos. Você é essencialmente livre para superar todos os limites estabelecidos pelos outros, para se recriar tão completamente quanto desejar.

Se teve uma experiência extremamente dolorosa no passado, pode optar por permitir que a dor persista e mergulhar nela. Por outro lado, pode decidir transformá-la em raiva, uma causa a promover ou alguma forma de ação. Ou pode simplesmente esquecer e seguir em frente, aproveitando a liberdade e o poder que isso lhe proporciona. Ninguém pode tirar de você essas opções nem forçar sua resposta. A decisão é só sua.

Adotar essa forma mais ativa de liberdade não significa que você vá se entregar a atos desenfreados e impensados. A decisão de mudar sua carreira, por exemplo, baseia-se na consideração cuidadosa de seus pontos fortes, de seus desejos mais profundos e do futuro que deseja para si. Ela resulta do ato de pensar por si mesmo e não aceitar o que os outros pensam a seu respeito. Os riscos que você assume não são movidos pela emoção nem têm como único objetivo o prazer; são riscos calculados. A necessidade de se ajustar aos outros e lhes agradar sempre desempenhará um papel em nossas ações, consciente ou inconscientemente. É impossível e indesejável ser totalmente livre. Você está apenas explorando uma gama de ações mais livres em sua vida e o poder que isso pode lhe trazer.

O que nos impede de seguir essa direção são as pressões que sentimos para nos ajustarmos; nossos rígidos padrões de pensamento habituais; nossos medos e nossas dúvidas em relação a nós mesmos.

Aqui estão cinco estratégias que o ajudarão a superar esses limites.

Desafie todas as categorias

Quando criança, no Kansas, na virada do século XX, Amelia Earhart sentia-se estranhamente deslocada. Gostava de fazer as coisas do seu jeito: participar de brincadeiras brutas com os garotos, passar horas lendo ou fazer longas caminhadas sozinha. Tinha comportamentos que outros consideravam estranhos e pouco ortodoxos – foi expulsa do colégio interno por andar no telhado de camisola. À medida que ficava mais velha, sentia uma forte pressão para sossegar e se comportar como as outras jovens. Contudo, odiava o casamento e as restrições que ele representava para as mulheres, por isso tentou encontrar uma carreira e experimentou diversos tipos de empregos. No entanto, ansiava por desafios e aventuras, e os empregos disponíveis eram fúteis e insignificantes.

Um dia, em 1920, fez uma curta viagem de avião e soube ali mesmo que havia encontrado sua vocação. Tomou aulas e se tornou pilota. Sentiu no ar a liberdade que sempre buscou. Pilotar um avião era um desafio constante – tanto físico quanto mental. Ela podia expressar o lado arrojado de sua personalidade, seu amor pela aventura, assim como seu interesse pela mecânica do voo.

Naquela época, mulheres pilotas não eram levadas a sério. Eram os homens que estabeleciam recordes e abriam novos caminhos. Para lutar contra isso, Earhart teve que forçar seus limites ao máximo, realizando feitos aéreos que chegassem às manchetes e contribuíssem para a profissão. Em 1932, foi a primeira mulher a cruzar o Atlântico sozinha, em seu voo mais arriscado e fisicamente extenuante. Em 1935, pensou em cruzar o Golfo do México. Um dos pilotos mais famosos da época lhe disse que era muito perigoso e não valia a pena. Sentindo-se desafiada, Earhart resolveu fazer o voo mesmo assim e conseguiu com relativa facilidade, demonstrando como deveria ser feito.

Se em algum momento da vida Amelia Earhart tivesse sucumbido à pressão de ser como todo mundo, ela teria perdido a magia que pareceu envolvê-la quando seguiu o próprio caminho. Ela decidiu continuar sendo ela mesma, quaisquer que fossem as consequências. Vestia-se em seu estilo pouco convencional e expressava suas opiniões políticas, embora isso fosse considerado impróprio. Quando o famoso publicitário e promotor George Putnam a pediu em casamento, ela aceitou com a condição de que ele assinasse um contrato garantindo que respeitaria seu desejo de liberdade máxima no relacionamento.

Aqueles que a conheciam invariavelmente comentavam que ela não era masculina ou feminina, nem mesmo andrógina, mas inteiramente ela mesma, uma mistura peculiar de qualidades. Era essa parte dela que fascinava as pessoas e a mantinha no centro das atenções. Em 1937, ela tentou o voo mais ousado de sua carreira – dar a volta ao mundo seguindo a linha do Equador, com escala em uma pequena ilha do Pacífico. Earhart desapareceu perto daquela ilha e seu corpo nunca foi encontrado, o que só contribuiu para o mito de Earhart como a aventureira completa, que fazia tudo do seu jeito.

Entenda: no dia em que você nasceu, iniciou uma luta que continua até hoje e que determinará seu sucesso ou fracasso na vida. Você é um indivíduo com ideias e habilidades que o tornam único. Mas as pessoas tentam constantemente encaixá-lo em categorias estreitas que o tornam mais previsível e manipulável. Elas querem ver você como tímido ou extrovertido, sensível ou durão. Se sucumbir a essa pressão, poderá até ser aceito socialmente, mas perderá as partes não convencionais da sua personalidade que lhe conferem sua singularidade e seu poder. Você deve resistir a esse processo a todo custo, vendo os julgamentos das pessoas como uma forma de restrição. Sua tarefa consiste em manter ou redescobrir os aspectos da sua personalidade que desafiam categorizações e lhes atribuir um papel ainda maior. Ao preservar sua singularidade, você criará algo único e inspirará o tipo de respeito que nunca receberia se apenas se conformasse a repetir os comportamentos dos outros.

Reinvente-se constantemente

O presidente dos Estados Unidos John F. Kennedy foi uma criança frágil e vivia doente. Passava muito tempo em hospitais e era franzino e pálido. A partir dessas experiências, ele desenvolveu um horror a tudo que o fizesse sentir que não tinha controle sobre sua vida. Uma forma de impotência o irritava particularmente: ser julgado por sua aparência. As pessoas o consideravam fraco, subestimando sua força de caráter. Ele então começou o longo processo de assumir o controle de sua imagem, constantemente recriando e projetando o que queria que as pessoas vissem.

Quando jovem, era visto como o filho hedonista de um pai poderoso, então, quando eclodiu a Segunda Guerra Mundial, apesar de suas limitações físicas, ele se alistou na Marinha, determinado a mostrar outro lado de si mesmo. Como tenente em uma patrulha de torpedo no Pacífico, seu navio foi abalroado e dividido em dois por um contratorpedeiro japonês. Ele então conduziu seus homens para a segurança, o que lhe rendeu inúmeras medalhas por bravura. Durante esse incidente, ele mostrou um desprezo quase insensível pela própria vida, talvez em uma tentativa definitiva de provar sua masculinidade. Em 1946, decidiu concorrer ao Congresso e usou seu histórico de guerra para criar a imagem de um jovem que lutaria com igual coragem por seus eleitores.

Alguns anos depois, já senador, percebeu que muitos o viam como uma espécie de peso leve: jovem e ainda por provar seu valor. Optou então por se reinventar novamente, dessa vez escrevendo (junto com seu redator de discursos Theodore Sorensen) o livro *Profiles in Courage*, um catálogo de histórias de senadores famosos que desafiaram as convenções e realizaram grandes feitos. O livro ganhou o Prêmio Pulitzer e alterou por completo a imagem que as pessoas tinham de Kennedy. Ele passou a ser visto como alguém atencioso e independente, de certa forma seguindo o caminho dos senadores sobre os quais havia escrito – um efeito claramente intencional.

Candidato à presidência em 1960, foi mais uma vez subestimado. Era visto como um jovem senador católico liberal incapaz de atrair maiorias. Na ocasião, decidiu se reformular como o profeta inspirador que tiraria a nação do marasmo do período Eisenhower, a devolveria às suas raízes pioneiras e criaria um propósito unificado. Era uma imagem de vigor e juventude (ao contrário de sua constante fraqueza física), suficientemente persuasiva para cativar os eleitores e vencer as eleições.

Entenda: as pessoas julgam você pela sua aparência, pela imagem que você projeta com suas atitudes, palavras e estilo. Se você não assumir o controle desse processo, elas o verão e definirão como quiserem, poucas vezes a seu favor. Você pode pensar que ser coerente com essa imagem fará com que seja respeitado e confiável, mas acontece justamente o oposto: com o tempo, parecerá previsível e fraco. A consistência é, de todo modo, uma ilusão; cada dia que passa, você muda um pouco. Não tenha medo de expressar essas evoluções. Os poderosos aprendem desde cedo que são livres para moldar sua imagem, ajustando-a às necessidades e ao humor do momento. Dessa forma, eles mantêm os outros confusos e preservam um ar de mistério. Siga esse caminho e desfrute do enorme prazer de se reinventar, sendo o autor da sua própria história.

Subverta seus padrões

Os animais dependem de seus instintos e hábitos para sobreviver. O ser humano depende do pensamento consciente e racional, o que nos dá mais liberdade de ação, a possibilidade de alterar nosso comportamento de acordo com as circunstâncias. No entanto, a parte animal da nossa natureza, essa compulsão de repetir as mesmas coisas, tende a dominar nossa maneira de pensar. Nós sucumbimos a padrões mentais, o que torna nossas ações repetitivas também. Esse era o problema que atormentava o grande arquiteto Frank Lloyd Wright, que encontrou uma excelente solução para seu dilema.

Como um jovem arquiteto na década de 1890, Wright não entendia por que muitos em sua profissão optavam por projetar prédios com base em modelos. A maioria das casas seguia certo padrão, determinado pelo custo e pelos materiais. Um estilo se tornava popular e era copiado sem parar. Mas morar nessas casas ou trabalhar nesses escritórios fazia as pessoas se sentirem sem alma, como peças em uma engrenagem. Na natureza, não existem duas árvores iguais. Uma floresta se forma ao acaso, e essa é a sua beleza. Wright estava determinado a seguir um modelo orgânico, em vez do modelo de produção em massa da era da máquina. Apesar do custo e da energia, ele decidiu que nenhum de seus edifícios seria igual. E aplicou isso ao seu comportamento e às interações com os outros – ele gostava de ser caprichoso, fazer o oposto do que seus colegas e clientes esperavam dele. Essa forma excêntrica de trabalhar levou à criação de projetos revolucionários que o tornaram o arquiteto mais célebre de sua época.

Em 1934, Edgar Kaufmann, um magnata de uma loja de departamentos de Pittsburgh, o contratou para projetar uma casa de campo em frente a uma cachoeira em Bear Creek, na Pensilvânia rural. Wright precisava visualizar um projeto antes de colocá-lo no papel; mas, para esse projeto, ele não conseguia pensar em nada, então decidiu fazer uma brincadeira consigo mesmo. Simplesmente ignorou o trabalho. Meses se passaram. Kaufmann finalmente se cansou e telefonou para ele, exigindo o projeto. Wright disse que estava pronto. Kaufmann disse que chegaria em duas horas para vê-lo.

Os sócios de Wright ficaram apavorados – ele não havia traçado uma única linha. Perplexo, e em uma explosão de energia criativa, Wright começou a projetar a casa. Não ficaria de frente para a cachoeira, concluiu, mas seria construída sobre ela, incorporando-a. Quando viu o projeto, Kaufmann ficou fascinado. A casa, conhecida como a Casa da Cascata (Fallingwater), é considerada a mais bela criação de Wright, que, em essência, forçou sua mente a enfrentar o problema sem recorrer a elucubrações incessantes ou ideias preconcebidas, apenas no calor do momento. Foi um exercício que lhe permitiu se libertar de seus hábitos e criar algo completamente novo.

Em geral, o que nos impede de usar a fluidez mental e a liberdade que possuímos naturalmente são nossas rotinas físicas. Vemos sempre as mesmas pessoas e fazemos sempre as mesmas coisas, e nossa mente segue esses padrões. A solução é romper com isso. Por exemplo, podemos ceder deliberadamente a um ato casual, até mesmo irracional, talvez fazendo exatamente o oposto do que costumamos fazer no dia a dia. Ao agir como nunca agimos, nos colocamos em território desconhecido – nossa mente naturalmente desperta para a novidade da situação. Da mesma forma, podemos nos obrigar a seguir caminhos diferentes, visitar novos lugares, conhecer pessoas diferentes, acordar em horas inusitadas ou ler livros que desafiam nossa mente em vez de entorpecê-la. Devemos praticar isso quando nos sentirmos particularmente bloqueados e sem criatividade. Em momentos assim, é melhor sermos impiedosos conosco e com os nossos padrões.

Crie um senso de destino

Em 1428, soldados alocados no posto militar da cidade francesa de Vaucouleurs começaram a receber a visita de uma garota de 16 anos chamada Joana d'Arc. Filha de humildes camponeses de um pobre vilarejo próximo, ela repetia sempre a mesma mensagem: Deus a escolhera para salvar a França de sua situação desesperadora. Nos anos anteriores, o país havia sido invadido pelos ingleses, que agora mantinham o rei francês como refém na Inglaterra e estavam prestes a conquistar a estratégica cidade de Orléans. O delfim, herdeiro do trono francês, padecia em um castelo no país, tendo optado por não tomar uma atitude. Joana teve visões de vários santos que lhe explicaram exatamente o que fazer – convencer o delfim a entregar a ela suas tropas, levá-las a Orléans, derrotar os ingleses ali e, em seguida, levar o delfim para Reims, onde seria coroado o novo rei da França, que viria a ser conhecido como Carlos VII.

Naquela época, muitos franceses tinham tais visões, e os soldados que ouviram Joana reagiram com visível ceticismo. Joana, porém, era diferente. Apesar do desinteresse dos soldados, ela retornava com a mensagem de sempre. Nada a desanimava. Ela era destemida e movia-se sem escolta entre todos aqueles soldados inquietos. Falava com simplicidade, como qualquer camponesa, mas não havia sombra de dúvida em sua voz, e seus olhos brilhavam de convicção. Estava certa de suas visões e não descansaria até cumprir seu destino. Suas explicações sobre o que faria eram tão detalhadas que pareciam ter a força da realidade.

Assim, alguns soldados acabaram acreditando em suas palavras e deram início a uma série de eventos. Convenceram o governador local a permitir que a acompanhassem até a presença do delfim, que acabou acreditando em sua história e lhe deu as tropas que ela pedia. Os cidadãos de Orléans, persuadidos de que Joana estava destinada a salvá-los, uniram-se a ela e ajudaram-na a derrotar os ingleses. O incentivo que ela proporcionou aos franceses continuou por mais de um ano, até que Joana foi capturada, vendida aos ingleses e, após um longo julgamento, queimada na fogueira como bruxa.

A história de Joana d'Arc demonstra um princípio simples: quanto maior sua autoconfiança, maior seu poder de transformar a realidade. A autoconfiança o torna destemido e persistente, permitindo que você supere obstáculos que impedem a maioria das pessoas de seguir em frente. Também faz com que os outros acreditem em você. E a maior forma de autoconfiança é sentir-se sendo conduzido pelo destino. Esse destino pode vir de fontes sobrenaturais ou de você mesmo. Veja a situação nos seguintes termos: você tem um conjunto de habilidades e experiências que o tornam único. Elas apontam alguma tarefa na vida que você está destinado a realizar. Você vê sinais disso nas predileções de sua juventude, certas atividades que naturalmente o atraíam. Quando mergulha nessa tarefa, tudo parece fluir com facilidade. Acreditar-se destinado a realizar algo não o torna passivo ou privado de liberdade; ao contrário, isso o livra das dúvidas e confusões normais que afligem a todos nós. Você tem um propósito que o orienta, mas que não o vincula a uma forma de fazer as coisas. E, quando sua força de vontade é tão profunda, você pode ultrapassar qualquer limite ou perigo.

Aposte em você

É muito fácil racionalizar as próprias dúvidas e instintos conservadores, principalmente em momentos difíceis. Você se convencerá de que é tolice correr riscos, de que é melhor aguardar circunstâncias mais propícias. Mas essa mentalidade é perigosa. Significa uma falta geral de confiança em você, que se prolongará até pelos momentos positivos. Você terá dificuldade de abandonar sua postura defensiva. A verdade é que as maiores invenções e avanços tecnológicos e empresariais costumam ocorrer nos períodos negativos, pois aí há mais necessidade de pensamento criativo e soluções radicais que rompam com o passado. Esses são momentos repletos de oportunidades. Enquanto outros cortam gastos e recuam, você deve pensar em assumir riscos, experimentar coisas novas e contemplar o futuro que virá da crise atual.

Você deve estar sempre preparado para apostar em si mesmo, no seu futuro, seguindo uma direção que os outros em geral temem. Isso significa acreditar que, se falhar, terá os recursos internos necessários para se recuperar. Essa fé atua como uma espécie de rede de segurança mental. Conforme avançamos em um novo projeto ou direção, nossa mente se anima; nossa energia se concentra e se aguça. Quando você se dispõe a sentir a necessidade de ser criativo, sua mente é capaz de dar conta do recado.

Mudança de perspectiva

Para a maioria de nós, as palavras "ego" e "egoísmo" expressam algo negativo. Pessoas egoístas têm uma opinião superestimada de si mesmas. Em vez de considerar o que é importante para a sociedade, um grupo ou a família, elas pensam primeiro nelas e agem com base nisso. Sua visão é estreita a ponto de verem tudo sob a perspectiva de suas necessidades e de seus desejos. Mas há outra maneira de ver a situação: todos nós temos um ego, uma noção de quem somos. E esse ego, essa relação que temos com nós mesmos, pode ser forte ou fraco.

As pessoas com um ego fraco não têm uma noção firme de seu valor ou potencial. Dão muita atenção às opiniões alheias. Podem ver qualquer coisa como um ataque ou afronta pessoal. Precisam de atenção e aprovação constantes dos outros. Para compensar e disfarçar essa fragilidade, tendem a assumir uma fachada arrogante e agressiva. É essa variedade do ego carente, dependente e obsessiva consigo mesma, que achamos irritante e desagradável.

Por outro lado, um ego forte é muito diferente. Indivíduos com uma sólida noção de seu próprio valor e que se sentem seguros em relação a si mesmos têm a capacidade de ver o mundo de forma mais objetiva. Podem ser mais atenciosos, pois são capazes de sair de si mesmos. Quem tem um ego forte estabelece limites – seu orgulho não lhes permite aceitar comportamentos manipuladores ou ofensivos. Em geral, gostamos de estar ao lado dessas pessoas. Sua segurança e força são contagiantes. Ter um ego forte deveria ser um ideal para todos.

Tantos dos que alcançam o poder em nossa cultura – celebridades, por exemplo – têm que fingir humildade e modéstia, como se tivessem chegado aonde chegaram por mero acidente e não por causa de seu ego ou ambição. Querem agir como se não fossem diferentes de ninguém e chegam quase a se sentir constrangidos por seu poder e sucesso. Esses são sinais de um ego fraco. Como um egoísta da variedade mais forte, alardeie sua individualidade aos quatro ventos e orgulhe-se de suas conquistas. Se os outros não conseguirem aceitar isso, ou se o julgarem arrogante, o problema é deles, não seu.

Somos livres quando nossas ações emanam de nossa personalidade, quando a expressam, quando exibem a semelhança indefinível que por vezes encontramos entre o artista e sua obra.

— HENRI BERGSON

10

Enfrente sua mortalidade – o Sublime

Diante de nossa inevitável mortalidade, temos duas alternativas. Podemos tentar evitar o pensamento a todo custo, agarrando-nos à ilusão de que temos todo o tempo do mundo. Ou podemos encarar essa realidade, aceitá-la e até abraçá-la, transformando a consciência da morte em algo positivo e ativo. Ao adotar uma filosofia destemida, vemos a vida com certa perspectiva, nos tornando aptos a separar o trivial daquilo que realmente importa. Sabendo que nossos dias estão contados, adquirimos um senso de urgência e missão. Podemos apreciar ainda mais a vida por sua impermanência. Se conseguimos superar o medo da morte, então não resta mais nada a temer.

A METAMORFOSE DO TRAFICANTE

Eu havia chegado ao ponto em que não tinha mais medo de morrer. Esse espírito fez de mim um homem livre de fato, embora eu continuasse escravizado na forma.

— FREDERICK DOUGLASS

Em meados da década de 1990, Curtis Jackson estava extremamente insatisfeito com a vida de traficante. A única saída que ele conseguia ver era a música. Tinha algum talento como rapper, mas isso não o levaria muito longe. Sentia-se um tanto confuso em relação a como entrar no mundo da música e estava impaciente para iniciar o processo. Foi então que, em uma noite em 1996, tudo mudou: em uma boate de Manhattan, Curtis (já 50 Cent) conheceu o famoso rapper e produtor Jam Master Jay. Ele sabia que aquela era sua chance e que precisava aproveitá-la ao máximo. Curtis conseguiu marcar de ir ao estúdio de Jay no dia seguinte para apresentar seus talentos de rapper. Lá, impressionou tanto Jay que ele concordou em ser seu mentor. Parecia que as peças agora se encaixariam.

Fifty tinha economizado o suficiente para se manter quando começasse na nova carreira, mas suas economias não durariam para sempre. Jay conseguiu que ele fizesse algumas apresentações gratuitas. Nas ruas da sua vizinhança, ele constatava que seus amigos traficantes estavam indo bem, enquanto seus recursos estavam escasseando. O que ia fazer quando o dinheiro acabasse? Ele já havia vendido o carro e suas joias. Tinha acabado de ter um filho com a namorada e precisava de dinheiro para sustentá-lo. Começou a ficar impaciente. Depois de muita persistência, conseguiu que alguém da Columbia Records ouvisse sua música, e a gravadora se interessou em lhe oferecer um contrato. Mas, para cancelar o contrato assinado com Jay, Fifty teve que lhe dar quase todo o adiantamento que recebera da Columbia. Pior ainda, na Columbia ele agora se via perdido entre todos os outros rappers da gravadora. Seu futuro parecia mais incerto do que nunca.

Como as economias estavam prestes a chegar ao fim, ele teve que voltar a traficar, e isso o deixava amargurado. Seus ex-colegas não ficaram felizes em voltar a vê-lo em ação. Com a sensação de que precisava de dinheiro rápido, tornou-se mais agressivo do que de costume e fez inimigos, que começaram a ameaçá-lo. Dividia-se entre o estúdio de gravação e o tráfico; seu primeiro álbum da Columbia estava prestes a sair, mas a gravadora não fazia nada para promovê-lo. Parecia que tudo estava acontecendo ao mesmo tempo.

Então, naquela tarde de maio de 2000, quando Fifty estava sentado no banco de trás do carro de um amigo, um jovem surgiu na janela do carro brandindo uma arma e atirou nele à queima-roupa. À medida que tudo se desenrolava, Fifty tinha a sensação de que nada daquilo era real. Parecia mais um filme, algo que tinha visto acontecer com outras pessoas. Mas, a certa altura, durante a cirurgia, sentiu que estava perto da morte e de repente tudo pareceu muito real. Uma luz intensa inundou seus olhos, e por alguns segundos uma sombra a encobriu, enquanto todo o resto congelava. Foi um momento estranhamente calmo; então, passou.

Fifty permaneceu os meses seguintes na casa dos avós, recuperando-se dos graves ferimentos que sofrera. Quando começou a recuperar as forças, quase riu da situação. Ele havia enganado a morte. Claro, para os traficantes da vizinhança não era grande coisa, e ninguém sentiu pena dele. Ele precisava seguir em frente e não olhar para trás, ao mesmo tempo que tomava cuidado com os assassinos, que iam querer terminar o trabalho. Após o atentado, a Columbia cancelou seu álbum e o contrato – ele estava cercado por violência demais. Fifty se vingaria: lançaria a campanha de *mixtapes* que o deixaria famoso nas ruas, e aqueles mesmos executivos da gravadora implorariam para tê-lo de volta.

No entanto, enquanto se preparava para agir, percebeu que algo havia mudado dentro dele. Viu-se levantando-se mais cedo do que de costume e compondo até bem tarde, completamente mergulhado em seu trabalho. Na hora de distribuir suas gravações nas ruas, não estava preocupado em ganhar dinheiro de imediato – roupas, joias e vida noturna já não significavam nada para ele, que reinvestiu cada centavo que ganhara na campanha. Fifty não deu atenção às disputas mesquinhas para as quais queriam arrastá-lo. Tinha os olhos fixos em um só objetivo, e nada mais importava. Houve dias em que trabalhou com uma intensidade que o surpreendeu. Estava colocando tudo o que tinha nessa única chance de sucesso – não havia plano B.

No fundo, ele sabia que a proximidade da morte o havia mudado para melhor. Ainda podia sentir aquela sensação original no corpo, a luz e a sombra, e isso o enchia de um sentimento de urgência que jamais vivenciara, como se a morte estivesse em seus calcanhares. Nos meses que antecederam o atentado, tudo estava desmoronando; agora tudo estava entrando nos eixos, como se fosse esse o destino.

Anos depois, enquanto construía seu império, Fifty começou a encontrar cada vez mais pessoas que faziam estranhos jogos de poder. De repente uma empresa parceira queria renegociar o contrato, ou começava a apresentar uma atitude arisca e a considerar desistir da parceria, agindo como se tivesse acabado de descobrir sobre seu passado. Talvez fosse apenas um truque para conseguir um acordo melhor. E então havia pessoas em sua gravadora que o tratavam com crescente desrespeito e lhe ofereciam o mínimo de recursos de propaganda ou marketing, em uma manobra com base no "é pegar ou largar". Por último, houve aqueles que trabalharam para ele desde o começo, mas agora, sentindo o cheirinho do dinheiro obtido com seu sucesso, começavam a fazer exigências irracionais.

Algumas coisas estavam acima de tudo para ele: manter sua mobilidade a longo prazo; trabalhar com pessoas entusiasmadas, não com mercenários; controlar sua imagem, não a sujar em troca de dinheiro fácil. Isso se traduzia em algo muito simples: ele exerceria seu poder de se afastar de qualquer situação ou pessoa que comprometesse seus valores. Diria à empresa interessada em renegociar os termos do contrato que não estava mais interessado em trabalhar com ela. Quanto à gravadora, ignoraria a artimanha e investiria o próprio dinheiro na divulgação de seu álbum, com a intenção de romper com o selo em breve e seguir o próprio caminho. Romperia relacionamentos com velhos amigos sem pensar duas vezes.

Ele sabia, por experiência própria, que sempre que sentia que tinha muito a perder e se agarrava a outras pessoas ou a acordos por medo da alternativa, acabava perdendo muito mais. Fifty percebeu que o segredo da vida é estar *sempre* pronto para ir embora. E se surpreendia quando, ao fazê-lo, ou apenas sentir que poderia fazer isso se quisesse, as pessoas voltavam e aceitavam suas condições, agora temendo o que poderiam perder. E, se não voltassem, já iam tarde.

Se tivesse pensado nisso na época, teria percebido que virar as costas assim era uma atitude e uma filosofia que havia se cristalizado em sua mente na tarde do atentado, quando viu a morte de perto. Apegar-se a pessoas ou situações por medo é como agarrar-se desesperadamente à vida, mesmo nas piores circunstâncias, e ele já havia passado desse ponto. Se não tinha medo da morte, como poderia ter medo de qualquer outra coisa?

A abordagem destemida

As pessoas falam do atentado que sofri como se fosse algo especial. Agem como se não estivessem enfrentando a mesma coisa. Mas um dia todo mundo tem que encarar uma bala que traz seu nome escrito nela.
— 50 CENT

Com as habilidades linguísticas desenvolvidas pelos nossos ancestrais mais primitivos, os seres humanos se tornaram animais racionais, adquirindo a capacidade de prever o futuro e dominar o meio. Mas esse benefício veio acompanhado de um mal que nos causou inúmeros sofrimentos. Ao contrário de outros animais, temos consciência de nossa mortalidade. Ela é a fonte de todos os nossos temores. Essa consciência da morte não passa de um pensamento sobre o futuro que nos aguarda, mas esse pensamento está associado a dor intensa e separação. Vem com uma ideia que às vezes nos assombra: de que adianta trabalhar tanto, adiar prazeres imediatos e acumular dinheiro e poder se um dia, talvez amanhã, todos nós morreremos? A morte parece cancelar todos os nossos esforços, fazer com que tudo perca o sentido.

Se nos deixássemos levar por essas duas linhas de pensamento – a dor e a falta de sentido –, ficaríamos quase inertes, ou nos sentiríamos impelidos ao suicídio. Mas, consciente ou inconscientemente, inventamos duas soluções para driblar o medo da morte. A mais primitiva foi a criação do conceito de vida após a morte que aliviaria nossos medos e daria muito mais sentido aos nossos atos no presente. A segunda solução – que hoje domina nossa maneira de pensar – é tentar esquecer nossa mortalidade e mergulhar no momento. Isso significa reprimir ativamente qualquer ideia de morte. Para ajudar, distraímos nossas mentes com rotinas e assuntos triviais. De vez em quando, nos lembramos do nosso medo quando alguém próximo a nós morre, mas em geral desenvolvemos o hábito de encobri-lo com as preocupações cotidianas.

O problema é que, na realidade, essa repressão não é eficaz. De forma geral, tomamos conhecimento da nossa mortalidade aos quatro ou cinco anos. Nessa idade, a noção de que somos mortais tem um impacto profundo em nossa psique, que associa a morte à separação de nossos entes queridos, à escuridão, ao caos ou ao desconhecido. E isso nos perturba muito. Esse medo instalou-se em nós desde então. É impossível erradicá-lo completamente ou evitar um pensamento dessa magnitude; ele entra sorrateiramente por outra porta, infiltrando-se em nosso comportamento de maneiras que nem sequer podemos imaginar.

A morte representa a realidade máxima – um limite definitivo aos nossos dias e esforços. Temos que enfrentá-la sozinhos e deixar para trás tudo que conhecemos e amamos. É a separação total. Ela está associada a dores físicas e psicológicas. Para reprimir esse pensamento, devemos evitar tudo que nos lembra a morte. Assim, nos entregamos a fantasias e ilusões de toda sorte, empenhados em tirar da cabeça todas as realidades difíceis e inevitáveis. Agarramo-nos a empregos, a relacionamentos e posições confortáveis, tudo para evitar o sentimento de separação. Tornamo-nos excessivamente conservadores, pois qualquer risco pode levar à adversidade, ao fracasso ou à dor. Mantemos as pessoas por perto para suprimir nossa solidão. Podemos não estar cientes, mas no fim das contas investimos grande quantidade de energia psíquica nessa repressão. O medo da morte não desaparece; volta na forma de pequenas ansiedades e hábitos que limitam nosso prazer na vida.

No entanto, existe uma terceira maneira, mais corajosa, de lidar com a mortalidade. Desde o momento em que nascemos, carregamos nossa morte dentro de nós. Não é um evento externo que põe fim aos nossos dias, mas algo que é intrínseco a nós. Temos apenas tantos dias para viver. Esse tempo é exclusivamente nosso, é só nosso, a única coisa que temos de fato. Se fugirmos dessa realidade evitando a ideia da morte, no fundo fugiremos de nós mesmos. Negamos a única coisa que não pode ser negada; vivemos uma mentira. A abordagem destemida requer aceitar o fato de que temos pouco tempo para viver e que a vida inevitavelmente envolve dor e separação. Ao aceitar isso, você aceita a própria vida e tudo relacionado a ela. Depender de uma crença na vida após a morte ou mergulhar no momento para evitar a dor é menosprezar a realidade, o que é desprezar a vida em si.

Quando você decide afirmar a vida enfrentando sua mortalidade, tudo muda. O que importa para você é viver bem seus dias, da maneira mais plena possível. Pode decidir fazer isso buscando prazeres, mas nada é mais entediante do que viver tendo que buscar novas distrações. Se o cumprimento de determinados objetivos for sua maior fonte de prazer, seus dias serão repletos de propósito e direção; e, quando a morte chegar, você não terá nada do que se arrepender. Você não se deixa levar por ideias niilistas sobre a futilidade de tudo, pois é uma absoluta perda do pouco tempo que lhe foi dado. Agora você tem uma maneira de medir o que é importante na vida – comparadas à brevidade dos seus dias, batalhas triviais e angústias não valem nada. Você tem um senso de urgência e compromisso – deve se dedicar de corpo e alma ao seu propósito, e não deixar a mente disparar em uma centena de direções.

É muito simples conseguir isso. É uma questão de olhar para dentro de si e ver a morte como algo que você carrega em seu interior. Essa é uma parte de você que não pode ser reprimida. Isso não significa que você deva meditar sobre isso, mas que você tem uma consciência permanente de uma realidade que precisa aceitar. Você transforma a relação de medo e negação que tem com a morte em algo ativo e positivo – finalmente livre de mesquinharia, de ansiedades inúteis e de reações tímidas e temerosas.

Essa terceira e destemida maneira de encarar a morte teve origem no mundo antigo, na filosofia conhecida como estoicismo. O cerne dessa filosofia é aprender a arte de morrer, o que, paradoxalmente, ensina a viver. E talvez o maior escritor estoico do mundo antigo tenha sido Sêneca, o Jovem, nascido por volta de 4 a.C. Quando jovem, Sêneca foi um orador muito talentoso, o que o levou a ter uma carreira política promissora. Mas, como parte de um padrão que continuaria ao longo de sua vida, esse talento despertou inveja e raiva daqueles que se sentiam inferiores.

Em 41 d.C., por falsas acusações de um bajulador invejoso, o imperador exilou Sêneca na Córsega, onde ele deveria basicamente definhar sozinho durante oito longos anos. Sêneca conhecia a filosofia estoica, mas naquela ilha quase desabitada ele teria que praticá-la na vida real. Não foi fácil. Ele se viu entregue a todo tipo de fantasias e caiu no desespero. Foi uma luta constante, que se refletiu em suas muitas cartas a amigos em Roma. Aos poucos, porém, ele dominou todos os seus medos ao superar primeiro o medo da morte.

Sêneca praticou toda sorte de exercícios mentais, imaginando maneiras dolorosas de morrer e possíveis finais trágicos. Assim, ele os tornava familiares, e não assustadores. Recorreu a uma noção de vergonha: temer sua mortalidade era abominar a própria natureza, que decretava a morte de todos os seres vivos, e isso significava que ele era inferior ao menor dos animais, que aceitava a morte sem reclamar. Aos poucos, eliminou esse medo e sentiu enorme alívio. Acreditando que tinha a missão de comunicar seu novo poder ao mundo, passou a escrever em um ritmo frenético.

Em 49 d.C., finalmente foi exonerado, chamado a Roma e homenageado com o alto cargo de pretor e tutor de Lúcio Domício Enobarbo (que mais tarde viria a ser conhecido como imperador Nero), então com 12 anos de idade. Durante os primeiros cinco anos do reinado de Nero, Sêneca governou o Império Romano de fato, deixando o jovem imperador entregue aos prazeres que mais tarde dominariam sua vida. Sêneca teve que lutar incessantemente para conter algumas das tendências violentas de Nero, mas no geral aqueles anos foram prósperos e o império foi bem governado. No entanto, a inveja reapareceu, e os bajuladores de Nero começaram a espalhar boatos de que Sêneca estava ficando rico à custa do Estado. No ano de 62 d.C., Sêneca percebeu o inevitável e retirou-se da vida pública para uma casa no campo, cedendo quase toda sua fortuna a Nero. Em 65 d.C., foi acusado de tramar contra a vida do imperador e um funcionário foi enviado, como era costume em Roma, para ordenar que Sêneca se matasse.

Sereno, Sêneca pediu permissão para revisar seu testamento. Seu pedido foi negado. Ele voltou-se para os amigos presentes e disse: "Já que estou proibido de mostrar gratidão por seus serviços, deixo-lhes a única coisa que me resta, que é a melhor: o padrão da minha vida." E então executou o ato que ensaiara mentalmente tantos anos antes. Seu suicídio foi extremamente doloroso: ele cortou as veias dos braços e tornozelos, mergulhou em uma banheira de água quente para fazer o sangue correr mais rápido e até tomou veneno. Teve uma morte lenta e muito sofrida, mas manteve a calma até o fim, fazendo questão de que todos vissem que seu fim era coerente com sua vida e sua filosofia.

Sêneca entendia que, para se livrar do medo, é preciso ir de trás para a frente. Comece com a ideia da mortalidade. Aceite-a e abrace-a. Pense no instante inevitável de sua morte e decida enfrentá-lo com toda a sua coragem. Quanto mais você contemplar sua mortalidade, menos a temerá – ela se torna um fato que você não precisa mais reprimir. Seguindo esse caminho, você saberá como morrer bem e poderá começar a aprender a viver bem. Não se apegue desnecessariamente às coisas. Seja forte e independente, não tenha medo de ficar sozinho. Você tem certa leveza, resultante de saber o que importa; pode rir do que os outros levam muito a sério. Os prazeres do momento são intensificados, pois você conhece sua impermanência e os aproveita ao máximo. E, quando chegar a hora da sua morte, pois um dia ela chegará, você não se intimidará nem implorará por mais tempo, pois viveu bem e não terá do que se arrepender.

A chave para não ter medo

Parece pairar naquela parte sombria da vida de todos nós [...] um elemento abstrato, eterno e ilimitado de medo e pavor primordiais, talvez provenientes do nosso nascimento [...] um medo e pavor que exercem uma influência propulsora na nossa vida [...] e, a acompanhar esse

primeiro medo, está, por falta de nome melhor, um impulso reflexo que nos lança na direção do êxtase, da submissão absoluta e da confiança.
— RICHARD WRIGHT

No passado, nossa relação com a morte era muito mais física e direta. Costumávamos ver animais sendo mortos diante de nossos olhos, para servirem de alimento ou sacrifício. Em períodos de peste ou desastres naturais, testemunhávamos inúmeras mortes. Os cemitérios não eram escondidos; ao contrário, ocupavam o centro das cidades ou ficavam contíguos às igrejas. As pessoas morriam em casa, rodeadas da família e de amigos. Essa proximidade da morte aumentava o medo dela, mas também a fazia parecer mais natural, parte da vida. Ao mediar esse medo, a religião desempenhava um papel poderoso e importante.

No entanto, o medo da morte sempre foi intenso e, com o poder cada vez menor da religião para reprimir nossas angústias, sentimos a necessidade de criar uma solução moderna para o problema: eliminamos quase completamente a presença física da morte. Não assistimos à morte dos animais que comemos. Cemitérios ficam em áreas remotas e não ocupam nossos pensamentos. Nos hospitais, os moribundos ficam longe dos nossos olhos e tudo se torna o mais antisséptico possível. O fato de não estarmos cientes desse fenômeno é um sinal de que ocorreu uma forte repressão.

Nos filmes e na mídia, vemos inúmeras imagens de morte, mas isso tem um efeito paradoxal. A morte é retratada como algo abstrato, apenas uma imagem na tela. Torna-se algo visual e espetacular, não um evento pessoal que nos aguarda. Podemos ficar obcecados com a morte nos filmes a que assistimos, mas isso só dificulta ainda mais enfrentar nossa mortalidade.

Expulsa de nossa presença consciente, a morte assombra nosso inconsciente sob a forma de medos, mas também toca nossa mente na forma do Sublime. A palavra "sublime" vem do latim, e nesse contexto é um pensamento ou experiência que nos leva ao limiar da morte, dando-nos uma indicação física desse mistério supremo, algo tão grande e vasto que foge à nossa capacidade descritiva. É um reflexo da morte em vida, mas surge na forma de algo que inspira assombro. Temer e evitar nossa mortalidade é doentio; experimentá-la no Sublime é terapêutico.

As crianças têm esse encontro com o Sublime com muita frequência, sobretudo quando deparam com algo muito vasto e indecifrável para sua capacidade de compreensão: a escuridão, o céu noturno, a ideia de infinito, a noção de tempo em milhões de anos, uma estranha sensação de afinidade com um animal, e assim por diante. Nós também temos esses momentos, na forma de uma experiência intensa que é difícil expressar em palavras. Isso pode acontecer conosco em fases de extrema exaustão ou esforço, quando nosso corpo é levado ao limite; em uma viagem para um lugar incomum, ou ao absorvermos uma obra de arte que contenha excessivas ideias ou imagens para que a processemos racionalmente. Os franceses chamam o orgasmo de *le petit mort*, ou "a pequena morte", e o Sublime é uma espécie de orgasmo mental, pois a mente é inundada por algo que é excessivo ou muito diferente. É a sombra da morte que se sobrepõe ao nosso consciente, porém inspirando uma noção de algo vital, extasiante, até.

Entenda: para afastar a ideia da morte, mergulhamos na banalidade e na rotina; criamos a ilusão de que ela não está perto de nós, de nenhuma forma. Isso nos proporciona paz momentânea, mas perdemos todo o senso de conexão com algo maior, com a própria vida. Só viveremos de fato se chegarmos a um acordo com nossa mortalidade. Tomar consciência do Sublime que nos rodeia é uma forma de transformar nossos medos em algo significativo e ativo, de combater as repressões de nossa cultura. O Sublime, em todas as suas formas, tende a provocar uma sensação de assombro e poder. Mediante a consciência do que é, podemos abrir nossas mentes para a experiência e buscá-la ativamente. A seguir estão as quatro sensações de um momento sublime e como invocá-las.

A sensação de renascimento

Crescendo nos arredores de Chicago, na virada do século XX, Ernest Hemingway sentia-se completamente sufocado pela conformidade e banalidade da vida ali. Sentia-se morto por dentro. Ansiava por explorar o mundo, e por isso, em 1917, aos 18 anos, ofereceu-se para trabalhar como motorista de ambulância para a Cruz Vermelha na Itália, em um dos fronts de guerra. Lá ele se sentiu estranhamente impelido à morte e ao perigo. Em um incidente, esteve perto de morrer quando uma granada explodiu, e a experiência alterou para sempre sua forma de pensar. "Eu morri naquele momento... Senti minha alma ou algo sair do meu corpo, como se estivesse tirando um lenço de seda do bolso por uma das pontas." Esse sentimento permaneceu no fundo de sua mente durante meses e anos, e era estranhamente revigorante. Sobreviver a uma morte como essa fez Hemingway se sentir renascer por dentro. Agora, poderia escrever sobre suas experiências e fazer seu trabalho vibrar de emoção.

No entanto, essa sensação desapareceria. Hemingway foi forçado a assumir um trabalho jornalístico enfadonho e a rotina da vida de casado. A morte interna voltou e afetou sua obra. Ele precisava sentir aquela proximidade da morte novamente em vida. Para isso, teria que se expor a novos riscos. Isso significou trabalhar como repórter no front da Guerra Civil Espanhola, e, depois, cobrir as batalhas mais sangrentas da Segunda Guerra Mundial na França – em ambos os casos, indo além do trabalho como jornalista e se envolvendo em combates. Adquiriu gosto pelas touradas, pesca em alto mar e caça de animais de grande porte. Sofreu inúmeros acidentes de automóvel e avião, o que só estimulou sua necessidade de assumir mais riscos. A cada experiência, a sensação de estar vivo voltava, e ele encontrava inspiração para um novo romance.

Sentir a alma saindo do corpo como um lenço é a essência de uma sensação sublime. Para Hemingway, só poderia ser evocada por algo extremo, como ver a morte de perto. Nós, porém, podemos vivenciar essa sensação e seus benefícios em doses menores. Sempre que a vida nos parece particularmente monótona ou restritiva, podemos nos forçar a sair da nossa zona de conforto. Isso pode significar uma viagem para um local muito diferente do habitual, com culturas e hábitos distintos dos nossos, um desafio físico (uma viagem marítima ou uma escalada), ou apenas um novo projeto, no qual não temos certeza do sucesso. Em todos os casos, viveremos um momento de impotência diante de algo grande e opressor. Essa sensação de que o controle está escorregando por entre nossos dedos, por mais breve e leve que seja, é um encontro com a morte. Podemos não conseguir; então teremos que nos esforçar mais. Enquanto isso, nossa mente será exposta a novas sensações. Quando terminamos a viagem ou a tarefa e alcançamos a segurança, é como se estivéssemos nascendo de novo. Sentimos aquele leve puxão no lenço. Agora temos um apreço maior pela vida e o desejo de viver mais plenamente.

A sensação de evanescência e urgência

A primeira metade do século XIV no Japão foi uma época de grande convulsão – golpes palacianos e guerras civis viraram o país de cabeça para baixo. Os membros das classes mais favorecidas ficaram particularmente perturbados com o caos. Em meio a essa turbulência, Kenkō, um poeta de baixo escalão do palácio, decidiu se tornar monge budista. Mas, em vez de se retirar para um mosteiro, permaneceu na capital, Quioto, observando calmamente a vida ao seu redor enquanto o país parecia desmoronar.

Ele escreveu uma série de textos curtos que não foram publicados em vida, mas posteriormente foram catalogados sob o título *Essays in Idleness* ("Ensaios sobre a ociosidade", em tradução livre), livro cuja fama aumentou com o tempo. Muitas de suas observações giravam em torno da morte, muito presente naquele período. Mas seus pensamentos sobre a morte iam na direção oposta da melancolia e da morbidez. Kenkō encontrava neles algo agradável, deslumbrante até. Por exemplo, ele ponderou sobre a evanescência de coisas belas, como flores de cerejeira ou a própria juventude. "Se o homem nunca evaporasse como o orvalho de Adashino, nunca desaparecesse como a fumaça sobre o Toribeyama, mas vagasse pelo mundo eternamente, como as coisas perderiam o poder de nos mover! O que há de mais precioso na vida é a incerteza." Isso o fez pensar em insetos que viviam apenas um dia ou uma semana e cuja vida mesmo assim podia ser intensa. A sombra da morte torna tudo comovente e significativo para nós.

Kenkō encontrava continuamente novas maneiras de medir a vastidão do tempo, que se estende para a eternidade. Um dia, um homem foi enterrado em um cemitério à vista da residência de Kenkō em Quioto, o túmulo cercado por parentes em luto. Com o passar dos anos, escreveu Kenkō, eles o visitavam cada vez menos e sua dor desaparecia lentamente. Depois de um tempo, todos estariam mortos, e com eles a memória do homem que haviam enterrado. A lápide seria coberta pela grama. Aqueles que ali passassem séculos depois a veriam como uma estranha combinação de pedra e natureza. Um dia ela desapareceria completamente, dissolvendo-se na terra. Diante dessa realidade inegável, dessa expansão eterna, como não sentir a preciosidade do presente? É um milagre estar vivo, mesmo que apenas por mais um dia.

Podemos vivenciar dois tipos de tempo: o banal e o sublime. O escopo do tempo banal é extremamente limitado. Consiste no momento presente e dura algumas semanas, às vezes mais. Presos no tempo banal, tendemos a distorcer os fatos – atribuímos às coisas muito mais importância do que elas realmente têm, sem perceber que em algumas semanas ou um ano o que nos abala não terá mais relevância. A variedade sublime é um indício da realidade da extrema vastidão do tempo e das constantes mudanças que ocorrem. Requer esquecer o momento presente e praticar o tipo de meditação que fascinava Kenko. Imaginamos séculos futuros ou o que aconteceu no lugar em que estamos milhões de anos atrás. Tomamos consciência de que tudo está em constante mudança; nada é permanente.

Contemplar o tempo sublime tem inúmeros efeitos positivos: nos faz sentir a urgência de concluir aquilo que começamos, nos permite entender melhor o que de fato importa e nos infunde um profundo apreço pela passagem do tempo, pela emoção e a beleza de tudo que desaparece.

A sensação de êxtase

Somos criaturas que vivem por meio da linguagem. Tudo o que pensamos e sentimos é expresso em palavras, embora, a rigor, elas nunca expressem plenamente a realidade. São meros símbolos. Ao longo da história, as pessoas tiveram experiências únicas, testemunhando situações que não podiam ser expressas em palavras, e isso produz a sensação de êxtase. Em 1915, o grande explorador Ernest Shackleton se viu, junto com sua tripulação, encalhado em um bloco de gelo perto da Antártida. Por meses eles flutuaram naquela paisagem desolada, até conseguirem se salvar no ano seguinte. Durante o tempo em que ficaram no iceberg, era como se Shackleton tivesse visitado o planeta antes do surgimento dos seres humanos, vendo algo inalterado por milhões de anos, e, apesar da ameaça de morte que o cenário representava, sentiu-se estranhamente entusiasmado.

Na década de 1960, o neurologista Oliver Sacks trabalhou com pacientes que estavam em coma desde a década de 1920, vítimas da epidemia de doença do sono da época. Graças a um novo medicamento, eles foram despertados do coma e ele registrou seus pensamentos. Sacks percebeu que eles viam a realidade de uma maneira muito diferente das outras pessoas, o que o fez se perguntar sobre nossa percepção do mundo – talvez vejamos apenas uma parte do que está acontecendo ao nosso redor porque nossas faculdades mentais são determinadas por hábitos e convenções. Talvez houvesse uma realidade que escapasse à nossa percepção. Durante essas reflexões, ele mergulhou em uma sensação do Sublime.

Na década de 1570, o pastor huguenote Jean de Léry foi um dos primeiros ocidentais a viver entre os povos originários brasileiros na Baía de Guanabara. Ele observou todo tipo de ritual, que o assustavam em sua barbárie, mas certa noite ouviu membros de um dos povos cantar de uma forma tão estranha e sobrenatural que uma sensação repentina de assombro o invadiu. "Fiquei paralisado de êxtase", escreveu mais tarde. "Sempre que me lembro disso, meu coração estremece e até hoje sinto aquelas vozes em meus ouvidos."

Esse sentimento de admiração pode ser produzido por algo vasto ou estranho: paisagens sem fim (o mar ou o deserto), monumentos de um passado distante (as pirâmides do Egito), costumes desconhecidos de um povo estrangeiro. Também pode ser motivado por coisas da vida cotidiana – por exemplo, quando observamos a surpreendente variedade de vida vegetal e animal ao nosso redor que levou milhões de anos para evoluir até sua forma atual. (O filósofo Immanuel Kant, que escreveu sobre o Sublime, sentiu isso segurando uma andorinha nas mãos e olhando-a nos olhos, experimentando uma estranha conexão com ela.) Pode ser criado por exercícios mentais específicos. Por exemplo, imagine que você sempre foi cego e de repente recuperou a visão. Tudo ao seu redor pareceria estranho e novo: a forma bizarra das árvores, o brilho da cor verde. Ou tente imaginar a Terra em sua pequenez, uma partícula na vastidão do espaço. O Sublime, neste nível, é apenas uma maneira de ver as coisas em sua verdadeira estranheza. Isso nos livra da prisão da linguagem e da rotina, do mundo artificial em que vivemos. Experimentar esse assombro em qualquer escala é como uma explosão repentina de realidade, terapêutica e inspiradora.

A sensação do oceânico, a conexão com a vida

Se não enfrentamos nossa mortalidade, tendemos a alimentar certas ilusões sobre a morte. Acreditamos que algumas mortes são mais importantes ou significativas do que outras – a de uma celebridade ou político proeminente, por exemplo. Sentimos que algumas são mais trágicas, ocorrendo muito prematuramente ou em um acidente. A verdade, porém, é que a morte não discrimina. É o equalizador final. Afeta tanto os ricos quanto os pobres. Para todos, parece chegar cedo demais e pode ser um evento trágico. A absorção dessa realidade deveria ter um efeito positivo em todos nós. Todos temos o mesmo destino; todos merecemos o mesmo grau de compaixão. É isso que, em última análise, nos une, e quando olhamos para as pessoas ao nosso redor, também deveríamos enxergar sua mortalidade.

Isso pode se estender cada vez mais, até o Sublime: a morte também é o que nos une a todas as criaturas vivas. Um organismo precisa morrer para outro viver. Trata-se de um processo sem fim do qual fazemos parte. É o que se conhece como sentimento oceânico: a sensação de que não estamos apartados do mundo exterior, mas que fazemos parte da vida em todas as suas formas. Sentir isso às vezes inspira uma reação de êxtase, exatamente o oposto de uma reflexão mórbida sobre a morte.

Mudança de perspectiva

Em nossa perspectiva normal, vemos a morte como algo diametralmente oposto à vida, um fato isolado que coloca um ponto-final em nossos dias. Como tal, é uma ideia que devemos temer, evitar e reprimir. Mas trata-se de um conceito falso, uma ideia que nasceu do nosso medo. Vida e morte estão inextricavelmente entrelaçadas, não separadas; uma não pode existir sem a outra. Desde que nascemos, carregamos nossa morte em nós como uma possibilidade constante. Se tentarmos evitar ou reprimir esse pensamento, mantendo a morte do lado de fora, também nos isolamos da vida. Quem teme a morte teme a vida. Devemos mudar essa perspectiva e enfrentar a realidade de dentro, procurando uma forma de aceitar e abraçar a morte como parte da vida. Só a partir daí podemos superar o medo da nossa mortalidade, e então todos os medos menores que assolam nossa vida.

Quando vi a morte de perto, pensei: isso pode acontecer de novo a qualquer momento. É melhor eu me apressar e fazer o que quero. Comecei a viver como nunca. Quando o medo da morte desaparece, nada pode nos incomodar e ninguém pode nos deter.
— 50 CENT

Agradecimentos

Este livro é dedicado à minha avó, uma mulher forte, poderosa e determinada. Ela infundiu em mim o conhecimento. Não há conhecimento que não seja Poder.

— 50 CENT

Em primeiro lugar, gostaria de agradecer a Anna Biller pelo apoio afetuoso, pela hábil edição de *A 50ª Lei* e por suas outras incontáveis contribuições ao livro.

Este livro deve sua existência a Marc Gerald, o agente literário de Fifty. Ele nos apresentou e coordenou habilmente o projeto do início ao fim. Agradeço também ao meu agente, Michael Carlisle, da InkWell Management, por suas contribuições igualmente inestimáveis; ao seu assistente na InkWell, Ethan Bassoff, e a Robert Miller, extraordinário editor da HarperStudio, que desempenhou um papel importante na definição do conceito deste livro. Também na HarperStudio, gostaria de agradecer a Debbie Stier, Sarah Burningham, Katie Salisbury, Kim Lewis e Nikki Cutler; e, pelo trabalho no design do livro, a Leah Carslon-Stanisic e Mary Schuck.

Agradeço a Ryan Holiday pela ajuda nas pesquisas; a Dov Charney pela inspiração e pelo apoio; a meu bom amigo Lamont Jones por nossas inúmeras conversas sobre o assunto, e a Jeffrey Beneker, professor assistente no incomparável departamento de Estudos Clássicos da Universidade de Wisconsin, em Madison, por seus sábios conselhos.

Da parte de Fifty, sua equipe de gerenciamento, a Violator, me apoiou enormemente neste projeto. Agradeço especialmente ao todo-poderoso

Chris Lighty, CEO da Violator e o homem por trás do trono. Também a Theo Sedlmayr, advogado e gerente de negócios de Fifty, Laurie Dobbins, presidente da Violator, Barry Williams, gerente de marcas, Anthony Butler (mais conhecido como AB), Bubba e Hov – todos muito generosos com seu tempo. Menção especial para Joey P (cofundador da Brand Asset Digital) e Nikki Martin, presidente da G-Unit Records, por seus inestimáveis *insights* sobre Fifty desde os primeiros dias na indústria fonográfica.

Agradeço também a Tony Yayo, Busta Rhymes, Paul Rosenberg (presidente da Shady Records e empresário de Eminem), à escritora Nikki Turner, a Quincy Jones III e a Kevin e Tiff Chiles, da DonDiva.

Gostaria de fazer uma menção especial a George "June" Bishop, por me guiar por Southside e me ajudar a entender a riqueza do mundo das ruas.

Finalmente, pelo imenso apoio durante a elaboração deste livro, gostaria de agradecer à minha mãe, Laurette; à minha irmã, Leslie; e, como sempre, ao meu gato, Brutus.

— ROBERT GREENE

CONHEÇA OUTRO LIVRO DE ROBERT GREENE

Maestria

Além de serem considerados mestres no que faziam, o que Mozart, Leonardo da Vinci e Thomas Edison têm em comum? Como foi que alcançaram a excelência? Que escolhas fizeram com que se destacassem tanto de seus contemporâneos?

Após realizar um grande estudo sobre várias personalidades fascinantes e bem-sucedidas – entre políticos, estrategistas, artistas, cientistas e inventores –, Robert Greene percebeu que todas essas pessoas, independentemente de sua área, da cultura ou do momento histórico a que pertenciam, seguiram um padrão similar em suas conquistas. E concluiu que o caminho para a maestria pode ser percorrido por qualquer um de nós.

Nesse livro, Greene examina pesquisas recentes sobre cognição e criatividade, e derruba os mitos da sorte e da genialidade inata, propondo uma maneira radical de examinar a inteligência humana. Ele explica o que é necessário para uma pessoa comum se tornar um mestre: a capacidade de se dedicar totalmente a um tema de seu interesse, a insistência em um aprendizado contínuo e focado, a liberdade criativa adquirida com o domínio da habilidade e a coragem de ser diferente e enfrentar desafios.

Se outras obras descreveram o que acontece com o cérebro depois de 10 mil horas de estudo e prática, *Maestria* revela o que sucede depois de 20 mil horas – o ápice atingido por Einstein, Darwin e nove mestres contemporâneos entrevistados para este livro.

O potencial para alcançar a maestria é intrínseco à espécie humana e resulta de milhões de anos de evolução. Aprenda quais são as três fases decisivas para a sua preparação, identifique sua verdadeira vocação, libere a paixão dentro de você e torne-se também um mestre.

CONHEÇA ALGUNS DESTAQUES DE NOSSO CATÁLOGO

- Augusto Cury: Você é insubstituível (2,8 milhões de livros vendidos), Nunca desista de seus sonhos (2,7 milhões de livros vendidos) e O médico da emoção
- Dale Carnegie: Como fazer amigos e influenciar pessoas (16 milhões de livros vendidos) e Como evitar preocupações e começar a viver
- Brené Brown: A coragem de ser imperfeito – Como aceitar a própria vulnerabilidade e vencer a vergonha (900 mil livros vendidos)
- T. Harv Eker: Os segredos da mente milionária (3 milhões de livros vendidos)
- Gustavo Cerbasi: Casais inteligentes enriquecem juntos (1,2 milhão de livros vendidos) e Como organizar sua vida financeira
- Greg McKeown: Essencialismo – A disciplinada busca por menos (700 mil livros vendidos) e Sem esforço – Torne mais fácil o que é mais importante
- Haemin Sunim: As coisas que você só vê quando desacelera (700 mil livros vendidos) e Amor pelas coisas imperfeitas
- Ana Claudia Quintana Arantes: A morte é um dia que vale a pena viver (650 mil livros vendidos) e Pra vida toda valer a pena viver
- Ichiro Kishimi e Fumitake Koga: A coragem de não agradar – Como se libertar da opinião dos outros (350 mil livros vendidos)
- Simon Sinek: Comece pelo porquê (350 mil livros vendidos) e O jogo infinito
- Robert B. Cialdini: As armas da persuasão (500 mil livros vendidos)
- Eckhart Tolle: O poder do agora (1,2 milhão de livros vendidos)
- Edith Eva Eger: A bailarina de Auschwitz (600 mil livros vendidos)
- Cristina Núñez Pereira e Rafael R. Valcárcel: Emocionário – Um guia lúdico para lidar com as emoções (800 mil livros vendidos)
- Nizan Guanaes e Arthur Guerra: Você aguenta ser feliz? – Como cuidar da saúde mental e física para ter qualidade de vida
- Suhas Kshirsagar: Mude seus horários, mude sua vida – Como usar o relógio biológico para perder peso, reduzir o estresse e ter mais saúde e energia

CONHEÇA OS LIVROS DE ROBERT GREENE

Maestria

Maestria - Edição Concisa

A 50ª Lei

Para saber mais sobre os títulos e autores da Editora Sextante,
visite o nosso site e siga as nossas redes sociais.
Além de informações sobre os próximos lançamentos,
você terá acesso a conteúdos exclusivos
e poderá participar de promoções e sorteios.

sextante.com.br